# Piebe Bakker:

(1929-2002)

een leven vol muziek

door

Ymkje van der Meer

Bestelnummer: DHP 1053943-400
Piebe Bakker (1929-2002) – een leven vol muziek
Ymkje van der Meer

ISBN 90-431-2465-6
NUR 661

cd-nummer: DHR 13-428-3

Samenstelling cd:

Unisono, Gert Bomhof

Met dank voor hun medewerking aan:

KEUNSTWURK

Stichting Keunstwurk, Jan Holtrop

Omrop Fryslân, Jan Ottevanger

Mirasound, Gé Voskuilen

Exclusief gedistribueerd door:
De Haske Publications BV, Postbus 744, NL-8440 AS Heerenveen

Copyright 2006 © NFCM, Winterswijk

Illustratie en tekstverantwoording: alle gedrukte illustraties en tekstfragmenten zijn afkomstig uit de collectie van de auteur.

Alle rechten voorbehouden. Niets van deze uitgave mag worden verveelvoudigd en/of openbaar gemaakt door middel van druk, fotokopie, microfilm of op welke andere wijze dan ook zonder voorafgaande schriftelijke toestemming van de uitgever.

Gedrukt in Nederland.

Ta neitins oan

Piebe Bakker

'Wêr't blaasmuzyk klinke sil, sil ik dyn oanwêzigheid fiele..'

'Waar blaasmuziek zal klinken, zal ik jouw aanwezigheid voelen..'

De activiteiten van Piebe Bakker sinds 1948

1. Directeur van de muziekschool Zuidwesthoek Friesland in Koudum van 1959- 1989.

2. Directeur van de muziekschool Bolsward van 1969-1989.

3. Dirigent van de volgende orkesten:

1.	Fanfare orkest	Advendo	Molkwerum	1948-1955	7 jaar
2.	Harmonie ork.	Excelsior	Parrega	1948-1953	5 jaar
3.	Harmonie ork.	Concordia	Balk	1949-1975	26 jaar
4.	Fanfare orkest	Nij Libben	Koudum	1948-1970	21 jaar
5.	Fanfare orkest	Hallelujah	Makkum	1951-1977	28 jaar
6.	Fanfare orkest	Marlûd	Nijega H.O.	1950-1958	6 jaar
7.	Fanfare orkest	Euphonia	Wommels	1954-1962	13 jaar
8.	Fanfare orkest	Harmonie	Sneek	1954-1962	8 jaar
9.	Fanfare orkest	Crescendo	Drachten	1956-1969	14 jaar
10.	Brassband	Philips (Phileboem)	Drachten	1965-1969	4 jaar

   Deze orkesten zijn door hem naar de hoogste afdelingen gebracht en enkele behaalden verschillende keren een 1e prijs op het Wereld Muziek Concours in Kerkrade.

4. Dirigent van het Nationaal Jeugdkorps/Nationaal Jeugd Fanfare Orkest: 1964-1989 (25 jaar). Hiermee behaalde hij o.a. op internationale festivals de hoogste onderscheidingen, met als hoogtepunt De Grote Prijs van Wenen in 1976.

5. Jurylid:

bij de NFCM	vanaf 1952
bij de ANUM	vanaf 1955
bij de KNF	vanaf 1968
bij de FKM	vanaf 1970

   Jurylid tijdens het Wereld Muziekconcours te Kerkrade in 1978 en op de Purmerades in Purmerend.

6. Lid van de Muziek Advies Commissie van de NFCM van 1960-1999.
   In deze functie is hij mede de grondlegger geweest van de NFCM-uitgave van geestelijke muziek. Maar ook van diverse activiteiten, zoals het Top Solisten Concours (nu SKvB) dat voor de eerste keer plaats had in 1987.

7. Lid van de Advies Commissie Tambours van de NFCM van 1966-1975.

8. Sinds de oprichting van de SONMO in 1967 is Piebe werkzaam geweest in diverse commissies voor het samenstellen van regelementen t.b.v. concoursen voor HAFABRA-orkesten, drumbands en majorettegroepen alsmede van repertoire voor deze secties.

9. Lid van de Advies Commissie Inspectie Kunstzinnige Vorming van 1980-1989, betrokken bij het opstellen van het Raamleerplan voor de hafabra-opleiding, gecommitteerde voor hafa-opleiding aan de Rijkserkende muziekscholen.

10. Examinator hafadru-muzikanten van 1953-1989. Een zeer kundig en prettig persoon tijdens de examens.

11. Lid van de Raad voor de Kunst van 1978-1980.

12. Bestuurslid van het Repertoire Informatie Centrum (RIM) te Utrecht van 1983-1987, vanaf de oprichting in 1983 in de functie van secretaris, vanaf 1984 in die van penningmeester.

13. Bestuurslid van de Muziek Uitleen Gelderland (MUG; heet nu MUI) te Arnhem van 1980-1987.

14. Lid van de Begeleidingscommissie t.b.v. de consulenten en van de Repertoire-commissie fanfare/brassband van de Steunfunctie Amateur Muziek Organisaties in Nederland (SAMO) te Utrecht van 1983-1989.

15. Coördinator bij verschillende provinciale SAMO's van 1970-1989.
    In deze functie heeft hij enorm veel stimulerend werk verricht zoals:
    - Gelderland: het begeleiden van jeugdstudiedagen, play-in's, instructiedagen en dirigenten praktica.
    - Noord-Holland: bijscholingscursussen voor het middenkader, hafabra-instructiedagen, jeugdstudiedagen, play-in's voor senioren.
    - Friesland: muziektechnisch adviseur voor de hafabra, jeugdstudiedagen, dirigentenprakticum.
    - Groningen: jeugdstudiedagen, regionale play-in's, dirigenten praktica.
    - Drenthe: ad hoc zitting in de adviescommissie van het Drents Genootschap i.v.m. compositie-opdrachten.

16. Bestuurslid Fryske Kultuurried 1980-1989.

17. Organisator van het Frysk Festival in 1980, 1985 en 1990.

18. Klankregisseur voor Friese koren en korpsen bij Omrop Fryslân, rubriek Muzyk Maskelyn, van 1970-2002.

19. Artistiek lid van de Adviesraad van BFO van 1986-1989.

20. Mede-initiatiefnemer voor de opzet van een standaard-bezetting voor fanfare-orkesten van 1986-1987.

21. Lid van de Commissie Bugelopleiding Nederland (C.B.N.) van het conservatorium ter promoting van de bugel van 1986-1989.

22. Zitting in de adviescommissie van het Nationaal Comité Nederland van de Europese Culturele Stichting van 1988-1989.

23. Organisator en artistiek leider van de RABO-festivals van 1985-1989 en van de RABO-Musico's van 1990-1995.

24. Oprichter en dirigent van het Fries Jeugd Harmonie Orkest van 1990-1995.

Voorwoord

Piebe Bakker, de man van de jeugdstudiedagen, play-in's, de dirigentendagen en de Raboconcerten…. wie kent hem niet. Een publieke figuur die met iedereen een persoonlijke band kweekte, mede door zijn goede sociale contactuele eigenschappen. Is het niet van gezicht, dan kent men hem meestal wel van horen zeggen. Mede door de rol die ik in zijn leven heb gespeeld, ben ik tot de conclusie gekomen dat we deze man niet mogen vergeten.
Hij heeft zijn sporen in de HA/FA/BRA-wereld ruimschoots verdiend. De lezer van dit boek zal ontdekken dat een heel groot deel van zijn leven alleen maar uit muziek bestond. Begonnen als sopraansaxofonist bij een plaatselijke dorpsfanfare, groeide hij begin jaren '50 van de vorige eeuw al uit tot een bekende persoon in de blaasmuziekwereld. Deze wereld slokte hem als het ware op. Zo kwam hij van de ene functie in de andere terecht. Zijn dagen waren meer dan veertig jaar druk gevuld. Zo was hij overdag als directeur werkzaam aan twee muziekscholen in de Zuidwesthoek van Friesland (Koudum en Bolsward). Iedere avond van de week dirigeerde hij één of twee korpsen en in de weekenden werd er of met het Nationaal Jeugdkorps gerepeteerd of hij jureerde de korpsen op de concoursen. In de vakanties waren er vaak tournees naar het buitenland met het NJK. Dit is een alvast een beetje een beknopte beschrijving van wat er zoal in dit boek staat. Omdat Piebe zo'n publieke figuur was en bij veel mensen erg geliefd, heb ik dit boek dan ook niet alleen geschreven ter nagedachtenis aan hem als mijn vriend, maar vooral ook als aandenken voor iedereen die hem al of niet persoonlijk heeft gekend.

Piebe Bakker wist :

- Als dirigent uitstekend zijn muzikale intenties over te brengen.

- Hij kon als leider van de studiedagen en muziekweekenden de jeugd en de ouderen enorm stimuleren.

- Het was soms zelfs zo dat hij tijdens zijn concerten de korpsen over hun kunnen heen tilde.
Je hield het niet voor mogelijk wat hij uit een eenvoudig orkest wist te toveren.

Kortom, hij is voor de amateur-muzikanten die onder zijn leiding mochten spelen een grote bron van inspiratie geweest.
Zijn leven was muziek….en muziek…… dat was zijn leven.

Als tienjarig meisje leerde ik hem al kennen en later mocht ik een gedeelte van mijn leven met hem delen. Tijdens de jeugdstudiedagen in Grou ontdekte hij mijn talent voor klarinetspelen en in de jaren die daarop volgden heeft hij mij altijd met veel plezier lessen gegeven in de muziektheorie, muziekgeschiedenis en alles wat er bij een goede muziekopleiding komt kijken. Het was wel hard werken, maar dat zal menigeen niet onbekend voorkomen. Hij wilde alles eruit halen wat erin zat en dat deed hij bij iedereen die over behoorlijke muzikale capaciteiten beschikte. Deed je goed je best, dan kreeg je daar ook heel wat voor terug. Zo werd ik vaak door hem gevraagd mee te komen spelen tijdens de jeugdstudiedagen en toen ik een jaar of dertien was, mocht ik meespelen in zijn Fries Jeugd Harmonieorkest.
Ondanks dit alles heb ik er later toch niet voor gekozen om de muziek in te gaan; tot nu wilde ik de muziek liever als hobby houden. Na het behalen van mijn atheneumdiploma ben ik dan ook Frans gaan studeren aan de Rijksuniversiteit te Groningen en heb deze studie nu afgerond.
Het leukste aan de muzieklessen van Piebe vond ik altijd de solfège lessen. Dat vond ik een van de leukste onderdelen. Hij buitte dat helemaal uit en liet mij de gekste en moeilijkste akkoorden herkennen. Tijdens deze lessen, die zowat zes jaar duurden, groeide er een hechte band tussen ons. Die band was niet alleen muzikaal maar ook emotioneel.

Die muzieklessen waren prachtig. Als de les was afgelopen, onder het genot van een kopje thee, of soms onder het genot van een glaasje wijn vertelde hij mij heel veel dingen over wat hij zoal had meegemaakt in zijn muzikale carrière. Omdat ik hem daarover het hemd van het lijf vroeg ontstonden er veel verhalen en wetenswaardigheden die ik later allemaal heb genoteerd. Zoals gezegd kwam na mijn middelbare schooltijd de muziek op de tweede plaats. Ondertussen groeide onze band sterk en Piebe Bakker werd mijn levensgezel. Hij was toen wat betreft de muziek al wat aan het afbouwen, maar zijn agenda stond toch nog bol van de play-in's en van opnames van de koren en korpsen voor Omrop Fryslân.
Als er al eens een belangrijke play-in of een concert was, dan mocht ik hem bij de voorbereiding daarvan helpen. Toen kwam mijn muzikale kennis mooi van pas! Het was een prachtige tijd, waaraan ik gouden herinneringen heb, herinneringen die onuitwisbaar blijven.

Ondanks het met muziek gevulde leven, bleef er ook nog vrije tijd over die we samen vaak in het buitenland doorbrachten. Zo ging onze laatste reis naar Parijs, in maart 2002.
Na die reis werd alles duister. Eind april 2002 werd duidelijk dat Piebe Bakker ernstig ziek was. Die klap kwam voor ons beiden hard aan, maar toch hebben we ondanks alles altijd het hoofd proberen koel te houden en ik heb hem in die zware periode proberen te steunen, hoe moeilijk dat soms ook was.
We zijn in die tijd nog dichter naar elkaar toegegroeid en hebben samen lief en leed gedeeld. Samen met hem heb ik ervoor gekozen om tot aan zijn dood toe bij hem te blijven. Ik kan niet in woorden uitdrukken hoeveel dankbaarheid en rust er daarom altijd van Piebe uit ging. Hij wilde graag thuis blijven, bij mij, en dat is gelukt, daar ben ik nog steeds blij om.
Op zondag 3 november 2002 is hij in mijn armen heen gegaan. Alles wat ik van hem mocht ontvangen, alles wat hij voor mij heeft gedaan, daaraan zal ik altijd met dankbaarheid terug denken.
Omdat ik zo goed afscheid van hem heb kunnen nemen, ben ik, ondanks het grote verdriet dat ik nog steeds heb, toch een gelukkig mens. Dat heeft mij ook de kracht gegeven dit boek nu samen te stellen, een opdracht die ik enkele maanden voor Piebe's overlijden kreeg en die voor mij erg onverwacht kwam. Maar niet alleen dat heeft ervoor gezorgd dat ik nu dit project heb voltooid. Ik wil door middel van dit voorwoord ook mijn hartelijke dank uitspreken tegenover twee mensen die mij hierin enorm hebben gesteund en mij hebben geholpen met onder andere het verzamelen van materiaal. Dat zijn de heren Wim Timmer, oud-administrateur van de NFCM (Nederlandse Federatie van Christelijke Muziekbonden) en dhr F. Kruisselbrink, eindredacteur van de Muziekbode, maandblad van de NFCM. Zonder hun hulp zou het voor mij moeilijker zijn geweest om dit project te realiseren.
Zoals gezegd bestaat dit boek uit een beschrijving van de muzikale werkzaamheden van Piebe Bakker. Het bestrijkt de periode vanaf het jonge muzikantje tot aan zijn laatste werkzaamheden toe. Naast Piebe Bakker, zal de lezer ook andere bekende namen uit de blaasmuziekwereld tegen komen. Om er maar een paar te noemen: Henk van Lijnschooten, Gerard Boedijn en Kees Vlak. Wat ik heb genoteerd, heb ik grotendeels vormgegeven vanuit Piebe's oogpunt zelf en ook is er veel beeldmateriaal in opgenomen, hetgeen het lezen van dit boek naar mijn mening des te aantrekkelijker maakt. Ik heb dit alles op een overzichtelijke en systematische wijze gebundeld, zo nu en dan voorzien van eigen commentaar. Op deze wijze hoop ik dat zijn naam mag voortleven onder de vele amateur-muzikanten en muziekvrienden van Piebe Bakker.

Ik nodig u hierbij uit om een duik te nemen in Piebe Bakker's leven vol muziek en wens de lezer hierbij veel lees- en kijkplezier.

Ymkje van der Meer

Wommels, januari 2004

De twee-éénheid, in Brugge, zomer 2001.

Inhoud

Hoe het allemaal begon	10
Dirigent	13
Muziekdocent	30
Het Nationaal Jeugd Fanfare Orkest (1964-1989)	32
Het Fries Jeugd Harmonie Orkest (1990-1995)	43
Jurylid	54
Commissielid (1960-1989)	70
De jeugdstudiedagen (1970-1995)	84
De muziekexamens (1953-1989)	89
De dirigentendagen	94
De dirigentencursussen	99
De play-in's	102
De Rabo-concerten	108
Omrop Fryslân	118
In de prijzen	120

Hoe het allemaal begon

Tien jaar.

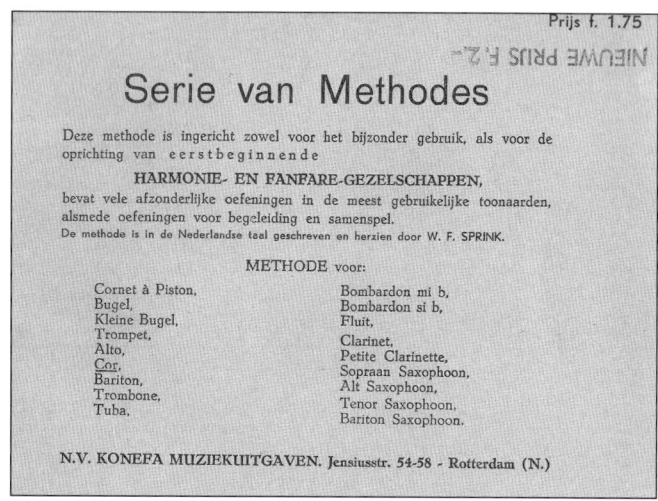

Op een openluchtconcours dat eind jaren dertig werd gehouden in Franeker, zat eens een piepjong muzikantje onder de tribune te spelen met papieren drinkbekertjes. Met de lege bekertjes en het zand dat onder de tribune lag, bouwde hij mooie zandkasteeltjes. Hij moest onder de tribune vandaan gehaald worden toen het korps waar hij bij zat op de tent moest. Door zijn spel was hij helemaal vergeten dat hij met de andere muzikanten mee moest! Nadat het optreden voorbij was, is hij dan ook weer direct naar zijn schatten onder de tribune teruggekeerd. Het jongetje in kwestie was Piebe Bakker, die toen nog niet wist dat hij later een vooraanstaande rol zou gaan spelen in de ontwikkeling van de blaasmuziekwereld in Friesland en daarbuiten.

Als jongetje van een jaar of acht speelde hij al mee in de plaatselijke dorpsfanfare *'Looft den Heer'* van Koudum, waar hij op 2 juni 1929 werd geboren. Zijn jeugd speelde zich af in de crisisjaren van voor de Tweede Wereldoorlog; een tijd waarin het er heel anders aan toe ging dan tegenwoordig. De mensen hadden het financieel niet breed, ook de korpsen niet. Het was dan ook niet ongebruikelijk dat leerlingen in die tijd een oud blaasinstrument kregen toegeschoven dat nog over was. Zo kreeg Piebe een oude corhoorn, terwijl hij eigenlijk wel een mooie glimmende altsaxofoon had gewild. Dit had niet direct een stimulerende werking op hem, maar er was toen geen andere mogelijkheid. Een paar jaar later stopte er iemand bij de vereniging die sopraansaxofoon speelde, dus kreeg hij de mogelijkheid om dat instrument te gaan bespelen. Weer een paar jaar later ging zijn echte wens in vervulling: er kwam een altsaxofoon beschikbaar. Een mooi instrument met een warme toon en met veel muzikale mogelijkheden.

De muziekopleiding

Muziekscholen waren er in die tijd niet. Je moest het maar doen met een muzikant van het korps die je voor aanvang van de repetities wat lessen gaf. Daarbij werden de zogenaamde Kessels-methodeboekjes gebruikt. Had je zo'n boekje uit, dan kon je meespelen met de volwassenen. Piebe kon bijna niet wachten tot hij zover was. Mooi tussen de grote mensen zitten en s'avonds laat naar bed! Eenmaal lid van de vereniging kreeg hij zoveel plezier in het musiceren, dat hij besloot om samen met een paar vrienden van dezelfde vereniging door te gaan voor het officiële A, B, C en D-diploma, ingesteld door de ANUM (Algemene Nederlandse Unie van Muziekverenigingen).

Jan Gregoor

Voor het halen van deze diploma's moest je zelfstandig de theorie voorbereiden met behulp van een boekje geschreven door Jan Gregoor. Die was in de jaren veertig en vijftig van de twintigste eeuw de grote man voor wat betrof de opleiding van jonge korpsmuzikanten. Hij was aangesloten bij de ANUM; deze organisatie had ook zijn theorieboekje uitgegeven. Door de opleiding van de jonge korpsmuzikanten te verzorgen, probeerde Gregoor de blaasorkesten op een hoger peil te krijgen. De ANUM was de eerste federatie die deze examens organiseerde. In 1946 gingen Piebe Bakker en nog een paar andere muzikanten van dezelfde vereniging naar Bolsward toe waar deze examens voor de provincie Friesland werden gehouden.

Ze waren natuurlijk wel wat gespannen, want ze wisten niet zeker of ze wel voldoende kennis van zaken zouden hebben. Er was wel iemand uit het dorp die hen van te voren wat lessen had gegeven, maar diegene had ook maar een beperkte kennis van de muziektheorie. Toch liepen ze vol goede moed de Gereformeerde kerk van Bolsward binnen waar de examens zouden worden gehouden. Daar stond Gregoor in persoon al in de hal klaar om hen wat gerust te stellen. Naar Piebe's zeggen was hij : 'een groot pedagoog'.

Er waren muzikanten aanwezig vanuit de gehele provincie. Piebe bracht het er tijdens zijn examen heel goed vanaf en slaagde samen met nog een andere kandidaat met lof. Vervolgens riep de jury deze twee jongens bij zich en vertelde hen precies wat ze voor het B-examen moesten leren.

Na dit eerste succesvolle examen was het ijs gebroken en besloot Piebe Bakker om ieder halfjaar naar Bolsward toe te gaan om aan de examens deel te nemen. Zo behaalde hij in twee jaar alle vier diploma's.

Dit zou later een goede basis vormen voor zijn verdere vakstudie, want het stond tóen voor hem al vast dat hij van zijn hobby zijn beroep wilde gaan maken. Acht jaar later, in 1953, zou hij zelf in de examencommissie van de ANUM zitten om honderden jonge blazers en slagwerkers het examen af te nemen!

Als zeventienjarige hielp Piebe zo nu en dan zijn vader, die een groentewinkel had. Hij bracht aardappelen weg en verkocht groenten aan mensen die in de omgeving van het dorp Koudum woonden. In de vrije uurtjes studeerde hij ijverig. Dat kon mooi in een klein kamertje achter het pakhuis van de winkel, waarin een piano stond.

KOUDUM. Op de te Bolsward gehouden muziekexamens op 12 Nov. slaagde de heer Jo Hoekstra, tenor saxophonist voor diploma C met 67 punten en de heer P. Bakker alt saxophonist voor diploma D (eindexamen) met 71 punten. Daar van de 7 D candidaten in Nederland de heer P. Bakker de hoogste was, mag dit een aardige prestatie genoemd worden.

Om zijn kennis uit te breiden besloot hij lessen te nemen van een musicus uit Sneek: Gezinus Schrik. Daar trof hij een aantal medestudenten aan die net zoals hemzelf ook van de muziek hun beroep wilden gaan maken, wat voor Piebe zeer motiverend werkte.

Hij speelde op dat moment nog steeds altsaxofoon, maar zag dit als hoofdvak niet meer zo zitten en besloot over te stappen op klarinet en kwam daarvoor op les bij Bakema, de eerste klarinettist van het toenmalige Frysk Orkest. Dat orkest bestond toen voor de helft uit vakmusici; de andere helft bestond uit vergevorderde amateur-musici. Via Bakema werd hem de mogelijkheid geboden om in te vallen bij dit orkest. Voor Piebe was dat een soort stage om wat orkestervaring op te doen, want het was aanvankelijk zijn idee om beroepsklarinettist te worden.
Zo werd het eerste contact met de professionele kant van de muziekwereld gelegd. Dit alles speelde zich af in de jaren 1948-'50. Per repetitie kreeg hij dan een rijksdaalder betaald.
Van dat geld moest een retourtje met de trein van Koudum naar Leeuwarden worden betaald en in de pauze een kopje koffie. Het kwam erop neer dat hij van dit karige loontje iedere keer een kwartje overhield!

Gelukkig werd het in de winter van 1948 heel wat ruimer. Er werd hem aangeboden om de korpsen van Molkwerum en Parrega te gaan dirigeren. Dat leverde hem per week vijf en zes gulden op. Hij ging daar vanuit Koudum op de fiets heen, want een auto aanschaffen was nog veel te duur. Toch voelde hij zich ondertussen naar eigen zeggen 'spekkoper'!

Toen hij in 1949 ook de mogelijkheid kreeg om ook wat muzieklessen te geven aan middelbare scholen in de Zuidwesthoek van Friesland, werd het na een paar jaar wel mogelijk om een auto te kopen.

Doordat men zijn muzikale talenten ook in de wijde omtrekken van Koudum ontdekte, werden hem steeds meer mogelijkheden aangeboden. Alleen al in 1950 had hij vijf korpsen:
Advendo (Molkwerum), *Excelsior* (Parrega), *Nij Libben* (Koudum), *Hallelujah* (Makkum) en *Concordia* (Balk). Toen werd het tijd om ook betere lessen te nemen in het dirigeren van blaasorkesten. Daarvoor ging hij toen naar de alom bekende blaasmuziekcomponist Gerard Boedijn, die in Hoorn woonde.
Boedijns lessen waren wel heel anders dan wat Piebe tot nu toe gewend was geweest. Vanuit Koudum was het een hele reis om in Hoorn te komen. 's Morgens vroeg eerst op de fiets naar het station van Molkwerum. Vanuit Molkwerum nam hij de trein naar Stavoren. In de haven van Stavoren lagen altijd 'de Hasselt' of de 'Van Wijk', twee grote schepen die van Stavoren naar Enkhuizen voeren. Zo ging hij met de boot naar Enkhuizen en nam daar dan de trein naar Hoorn: een hele reis die al met al soms wel twee uren kon duren.

Zomaar een les van Gerard Boedijn.

Piebe Bakker had vijf jaar les van Boedijn en vertelde hierover het volgende:

Gerard Boedijn

'Boedijn woonde in de Jan Pieterzoon Coenstraat en had boven zijn leskamer. Beneden in de achterkamer stond de vleugel van zijn vrouw Jannetje die pianiste was en daar haar pianolessen gaf. Boven voor het raam van zijn kamer stond een grote vierkante tafel en tegen de lambrisering aan stond een harmonium. Als ik om een uur of tien 's morgens bij hem kwam was mijn leermeester al een paar uren bezig geweest met componeren. Hij had een mooi handschrift dat eruit zag alsof het gedrukte letters waren. Boedijn vroeg mij dan eerst te laten zien wat ik had gearrangeerd. Dat werd nauwkeurig bekeken en er werden zoveel rode aantekeningen in gemaakt dat het er een nogal kleurrijk geheel van werd. Maar stukje bij beetje kwam er toch verbetering in. Daarna kwamen de solfègeoefeningen en alles wat daarbij hoorde. Als de moeilijke onderdelen behandeld waren, begon voor mij het mooie van de les. Ik kreeg dan een partituur voorgeschoteld die ik moest dirigeren. Boedijn vroeg: 'Wat hebben we vandaag, een harmonie of een fanfareorkest'. Het was natuurlijk niet zo dat er daar in die kamer een orkest zat. Het was de bedoeling dat ik de partituur eens goed bekeek en in staat zou zijn er uit te halen voor welk type blaasorkest deze het best geschikt zou zijn.

Omdat de partituur deze keer beter paste bij een harmonieorkest antwoordde ik: 'Een harmonieorkest'. Ik dirigeerde een paar maten, maar al snel onderbrak Boedijn mijn dirigeren en zei: 'Stop maar, waar blijven de fluiten ?'. Kijk, een inzet van een bepaalde groep instrumenten moet men aangeven in het dirigeren en als beginnend dirigent vergeet men dat wel eens. 'Crescendo!', riep Boedijn dan, hetgeen aanduidde dat ik mijn

De ijverige muziekstudent.

slag moest vergroten. Al met al was het zo dat er niets in die kamer was, maar dat je wel moest doen alsof daar in die kamer een groot orkest zat. Ondertussen zat Boedijn op een stoel en rookte zo'n lange sigaret, zo'n King Size en gaf zo nu en dan aanwijzingen. Omdat Boedijn wel wist dat ik toen al een paar korpsen dirigeerde vroeg hij dikwijls of er nog moeilijkheden waren. Nou, die waren er natuurlijk wel.

Zo kwam het eens voor dat ik met 'Nij Libben' van Koudum een stuk aan het instuderen was met een deeltje waarin het samenspel niet goed tot zijn recht kwam. Boedijn vroeg mij het te dirigeren zoals ik het had ingestudeerd en zei: 'Hoor je niet dat het aan alle kanten rammelt?' Ik hoorde natuurlijk niets, want er zat niets! Vervolgens legde hij aan mij uit wat er niet goed aan was en na enig oefenen was hij tevreden: 'Hoor je wel Piebe, nu is het samenspel veel beter'. Dit waren vreemde lessen. Menigeen die erbij zou hebben gezeten zou zich afgevraagd kunnen hebben of deze twee mannen ze wel allemaal goed op een rijtje hadden. Maar zo gaf Gerard Boedijn nu eenmaal zijn dirigeerlessen; de mogelijkheden waren immers maar beperkt, er kon niet even een heel orkest worden ingehuurd.
De volgende dag had ik repetitie met 'Nij Libben' van Koudum en kon toen het geleerde in praktijk brengen. Het verbaasde mij dat dat deeltje nu in één keer goed ging. Ik vertelde toen aan de muzikanten dat ik problemen had met het dirigeren van dat stukje en Boedijn om raad had gevraagd. Die adviseerde mij om mijn slag daar beter onder te verdelen hetgeen het samenspel zou bevorderen. Zodoende dat het nu in één keer goed ging. Toen ik een paar maanden later met hetzelfde korps weer bezig was een nieuw stuk in te studeren, ging ik nogal wat tekeer omdat ik vond dat ze er niet hard genoeg op hadden gestudeerd. Toen zeiden de muzikanten: 'Zou het nu niet verstandig zijn om dit muziekstuk eerst eens door te gaan nemen met Gerard Boedijn?'….

Volgens Piebe Bakker was Gerard Boedijn de man die hem het dirigeren leerde. Van hem leerde hij het vak op indringende wijze. Tijdens studiedagen en play-in's stak hij zijn trots op Gerard Boedijn dan ook niet onder stoelen of banken.

Walther Boer

Begin jaren zestig van de vorige eeuw werd er een officieel diploma ingesteld voor de harmonie- en fanfaredirektie. Piebe Bakker en zijn collega Bram Feenstra waren de eersten die zich daarvoor lieten inschrijven. Wel moesten ze daarvoor naar het conservatorium van Zwolle. Voor Harmonie- en Fanfaredirectie had men daar toonkunstenaar Henk Pijlman aangesteld.

Beiden kenden zij hem wel en omdat het allemaal nieuw was hebben ze toen met z'n drieën een geheel nieuw leerplan ontworpen voor de toekomstige leerlingen. Vanwege de vele lessen van Boedijn, kon Pijlman Piebe Bakker niet veel meer leren. Dat hij zich toch bij het conservatorium aanmeldde was hoofdzakelijk om het officiële diploma te halen. Na een klein jaartje les te hebben gehad, mochten Bram Feenstra en Piebe Bakker in juni 1961 als eersten het examen afleggen. Dat was in die tijd nieuws voor de blaasmuziekwereld. Ze waren beiden helemaal verbaasd toen ze hoorden dat niemand minder dan de Inspecteur van de Militaire Muziek, dhr Walther Boer, hen het examen zou afnemen! Over hem gingen sterke verhalen de ronde; ze hadden er dan ook voor gezorgd dat ze goed beslagen ten ijs zouden komen, zodat er niets mis zou kunnen gaan. Ze mochten examen doen met de fanfare van Hattem waar Pijlman dirigent van was; een prachtig orkest. Tijdens het examen stond Dr. Walther Boer naast de lessenaar en niets ontsnapte aan zijn aandacht. Bakker en Feenstra dirigeerden enkele werken van door dr. Walther Boer geliefde componisten zoals Otto Ketting en Kors Monster. Na afloop van het examen zei hij alleen maar dat het goed geweest was. Het werd allemaal nog verbazingwekkender toen Piebe een paar weken na het examen een muziekstuk van hem kreeg toegestuurd met de complimenten en het vriendelijke verzoek om dat eens uit te voeren. Toen bleek dus dat het examen een groot succes was geweest!!

Dirigent

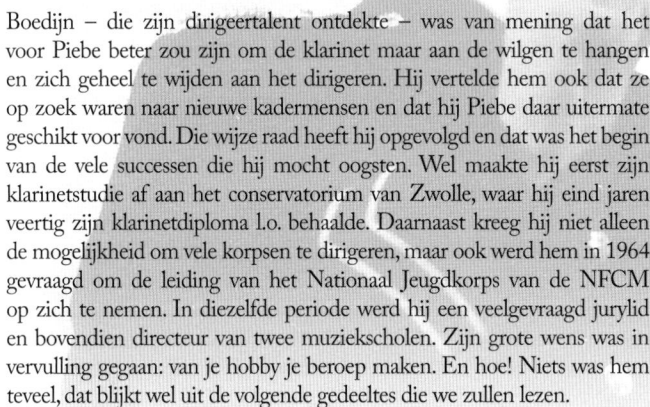

Boedijn – die zijn dirigeertalent ontdekte – was van mening dat het voor Piebe beter zou zijn om de klarinet maar aan de wilgen te hangen en zich geheel te wijden aan het dirigeren. Hij vertelde hem ook dat ze op zoek waren naar nieuwe kadermensen en dat hij Piebe daar uitermate geschikt voor vond. Die wijze raad heeft hij opgevolgd en dat was het begin van de vele successen die hij mocht oogsten. Wel maakte hij eerst zijn klarinetstudie af aan het conservatorium van Zwolle, waar hij eind jaren veertig zijn klarinetdiploma l.o. behaalde. Daarnaast kreeg hij niet alleen de mogelijkheid om vele korpsen te dirigeren, maar ook werd hem in 1964 gevraagd om de leiding van het Nationaal Jeugdkorps van de NFCM op zich te nemen. In diezelfde periode werd hij een veelgevraagd jurylid en bovendien directeur van twee muziekscholen. Zijn grote wens was in vervulling gegaan: van je hobby je beroep maken. En hoe! Niets was hem teveel, dat blijkt wel uit de volgende gedeeltes die we zullen lezen.

Na de Tweede Wereldoorlog worden de tijden beter. We zien dat de welvaart in de vijftiger, zestiger en zeventiger jaren enorm stijgt. Het is dan ook niet toevallig dat dit ook zijn weerslag heeft gehad op de amateuristische blaasmuziekbeoefening. Deze komt in Friesland vanaf de jaren vijftig tot ontwikkeling en, als we op het leven en werk van Piebe Bakker terug kijken, kunnen we concluderen dat hij daarin als dirigent en stimulator een belangrijke rol heeft vervuld.

Aan het begin van zijn carrière, zien we dat alles zich nog afspeelt in een gemoedelijke tijd en sfeer. Geld speelde in deze muziekwereld een minder belangrijke rol dan tegenwoordig; er werd toen nog geen rekening gehouden met het feit dat een arme muziekstudent zoals Piebe Bakker, het geld hard nodig had om zijn studie te kunnen betalen!. Zoals we zullen lezen, was alles nog in de sfeer van de dominee, de schoolmeester of de amateur-dirigent. Diploma's waren geen vereiste. Ook ging het er bij de benoeming van een dirigent heel anders aan toe dan tegenwoordig. In de meeste gevallen werd men dirigent via horen zeggen. Zo verging het ook Piebe Bakker. Men had in Molkwerum namelijk gehoord dat er in Koudum zo nu en dan - als de dirigent van 'Looft den Heer' verhinderd was - er een jong broekje van een jaar of zeventien het orkest onder zijn hoede nam en dat deze jongeman nog goed kon dirigeren ook !. Het was de zoon van groenteboer Bakker, zei men.

Toen deze dan ook eens in Molkwerum kwam om daar zijn waar aan de man te brengen, vroeg men hem of zijn zoon het korps van Molkwerum wilde dirigeren omdat hun huidige dirigent binnenkort zou stoppen. Zo kreeg hij 'Advendo' Molkwerum onder zijn hoede. Naarmate hij meerdere korpsen in de omtrek ging leiden, groeide zijn bekendheid. Naar eigen zeggen was Piebe als klarinettist geen uitblinker, maar iedereen zal het er over eens zijn dat als hij de dirigeerstok hanteerde, hij je mee kon nemen naar andere werelden. Hij kon de korpsen boven hun kunnen laten musiceren.

Hij zei hierover zelf het volgende:

'Wat voel je nou, wat is dat nou dat dirigeren ?

Dat is precies wat een bakker met z'n deeg doet, hij maakt er wat van. Kijk, je hebt dat orkest voor je. De slagtechnieken enzovoort dat moet je natuurlijk wel beheersen. Maar dan komt het pas. Dan moet je een beetje in het gevoel, of in de huid kruipen van de componist en dát moet je goed bestuderen. Daar moet je proberen alles uit te halen en dat moet je met bewegingen overbrengen op de muzikanten, zodat ze dat zelfde gevoel ook krijgen. En wat merk je dan ? ....Dan merk je dat de vlam overspringt naar die muzikanten. Kijk, beroepsmensen weten dit allemaal wel – beter dan diegenen die daar helemaal niet in zitten. Maar, die amateurs die kunnen dat ook wel eens meevoelen; dat ze op een moment tot groter prestaties in staat zijn dan wat ze thuis doen als ze in hun eentje zitten. Het is niet alleen dat ik, als dirigent, dat weet. Nee, zíj moeten het voelen, zíj moeten het weten. En als ze het voelen.....dat geeft zo'n bevrediging van beide kanten, nou dan voel je je zo'n éénheid.......en dan zeg ik wel eens: 'Er is niets mooiers natuurlijk als met amateurs om te gaan'.

Maar als ik dan voor een orkest sta, dan ben ik toch een ander mens. Ik ben verschrikkelijk hard. Als een orkest na een tijdje niet in staat is om een discipline op te brengen, dat houdt bijvoorbeeld in: op tijd zijn, niet met de benen over elkaar zitten tijdens een repetitie, niet roken op de repetitie, niet om elk smoesje thuis blijven, hun partij thuis goed instuderen. Nou, al met al, als ze dat niet op kunnen brengen dan ben ik eigenlijk een vreselijk mens. Kunnen ze dat wél, nou, dan ben ik de mildheid zelve. En dan zie je ook dat ze je op handen dragen. Het is eigenlijk zo: ook al beul je ze figuurlijk af, dan tóch dragen ze je op handen want dan zien ze zelf dat wanneer je met elkaar iets doet – gedisciplineerd – dan komen er ook successen'.

Niet alleen zijn dirigeertalent zorgde ervoor dat hij een grote rol kreeg toebedeeld. Mede door zijn kritische houding die hij als dirigent had heeft hij het ver kunnen schoppen. Zijn kritisch standpunt werd bijgestaan door wilskracht en doorzettingsvermogen om de amateuristische blaasmuziekbeoefening in Friesland op een hoger peil te brengen. Wat we zeker ook niet mogen vergeten is zijn organisatietalent, dat hem goed van pas kwam in zijn functie als muziekschooldirecteur en tijdens zijn optredens bij dirigentendagen, jeugdstudiedagen en play-in's.

Uit de oude doos

'Advendo' Molkwerum in 1948. Piebe Bakker is de derde man van links op de onderste rij.

Zoals we hiervoor al lazen, waren de eerste korpsen waar Piebe Bakker de leiding over kreeg: *'Advendo'* van Molkwerum (in 1948) en *'Excelsior'* Parrega (in 1948).

Een concoursanekdote

Op negentienjarige leeftijd ging hij eens naar een bondsconcours met de korpsen 'Advendo' Molkwerum en 'Excelsior' van Parrega. Voor de muziektent op het concoursterrein stonden zo'n vijftien bankjes voor de luisteraars waarvan de eerste twee bestemd waren voor de dirigenten. Men zat dan bijelkaar en de jonge Piebe Bakker keek op bij zijn oudere collega's die vaak ook de betere korpsen hadden. Toen hij ze wat beter leerde kennen, vertelden ze hem vaak na afloop van zijn optredens hoe het korps had gespeeld en wat ze van het optreden hadden gevonden.

Toen ze daar weer eens met z'n allen zaten te luisteren, kwam er een bondsbestuurslid op hen af met de volgende mededeling: 'Mannen', zei hij. 'Ik kom hier met een probleem. De voorzitter van het korps van Stavoren kwam juist bij ons met de mededeling dat hun dirigent heeft afgebeld wegens ziekte. Het orkest is hier nu al, maar zonder dirigent. Is er ook iemand van u die dit korps wil dirigeren, want ze willen wel graag meedoen'. Het werd stil, niemand zei wat. Er was waarschijnlijk niet veel animo omdat ze bekend stonden als een orkest dat alleen maar tweede prijzen won. Maar Piebe trok de stoute schoenen aan en zei dat hij het wel wilde doen, maar dan wel onder één voorwaarde. 'En dat is?', vroeg het bestuurslid toen. 'Ik wil beslist een half uur voor het optreden met hen repeteren', zei Piebe.

Zijn collega's keken hem wel wat vreemd aan en vonden dat hij als jongste wel een beetje brutaal was en maar op moest passen met zijn eisen. Maar na een tijdje kwam de voorzitter van het korps van Stavoren bij hem terug met de mededeling dat hij een zaaltje in een school had gevonden waar ze wel een halfuurtje mochten repeteren. Dat deed de jonge dirigent en het korps viel hem helemaal niet tegen. Op het concours ging het zelfs zo goed en dat ze net een eerste prijs wonnen, wat hen in acht jaar niet was overkomen! Na de uitslag stapte de enthousiaste voorzitter van Stavoren op Piebe af en vroeg hem wat hij aan hem verschuldigd was. Deze vond dat ze hem maar hetzelfde moesten betalen als wat hij ook voor zijn eigen korpsen vroeg, dus zei hij: 'De repetitie en het concours: tien gulden'.

Maar, jaren later toen Piebe Bakker eens een play-in had in de Zuiwesthoek van Friesland kwam hij erachter dat ze toen iets heel anders van plan waren. In de pauze ontmoette hij een wat oudere muzikant die hem vroeg of hij zich het concours met het korps van Stavoren en de zieke dirigent nog kon herinneren. Nou dat wist Piebe nog als de dag van gisteren. De muzikant vertelde Piebe toen dat ze tijdens de korte repetitie hadden genoten en er werd binnen het korps afgesproken dat er een paar vrouwen 's middags een cadeautje voor hem zouden kopen. Ze hadden voor hem een mooi asbakje gekocht. Maar toen Piebe Bakker voor de repetitie en het optreden tien gulden vroeg besloten ze hem het asbakje er niet meer bij te geven. Dat ging mee naar Stavoren, anders werd het allemaal wel een beetje te duur!

Muziekuitvoering

door „ADVENDO" te Molkwerum

op Woensdag 25 Febr. a.s.

in de Ned. Herv Kerk. Leider Ds Groeneveld
Directeur P. Bakker

Aanvang 7½ uur   Entree f 1.00

Als Intermezzo Luisterwedstrijd voor iedereen en Hersengymnastiek tussen leden van de Muziekvereen. van Warns en Hindeloopen.

HET BESTUUR

UITVOERING

Molkwerum. De muziekvereniging Advendo alhier hoopt volgende week onder leiding van haar nieuwe directeur de gewone jaarlijkse uitvoering te geven. Het programma is rijk gevarieerd en alleszins aantrekkelijk. Zie voor bijzonderheden de advertentie in dit blad.

UITVOERING MUZIEK VERENIGING "ADVENDO"

Molkwerum. Onze muziekvereniging "Advendo" gaf gisteravond haar gewone jaarlijkse uitvoering in de Ned. Herv. Kerk alhier. Begonnen werd met het spelen van Psalm 150, waarna de feestleider, de WelEerw. Heer ds J. Groene-

Aankondiging van het allereerste concert dat Piebe Bakker met 'Advendo' Molkwerum dirigeerde.

veld met gebed en een kort openingswoord de vergadering opende. ZEw. trok enkele scherpe lijnen naar aanleiding van 't bespelen van een orgel en de registratie daarvan als weerspiegeling van 't menselijk hart, de gewone afstemming en hoe die moet zijn. Daarna kwam Advendo aan de beurt en ze deed dit o. i. op schitterende wijze. Uitgerust met verschillende nieuwe instrumenten onder leiding van de nog jeugdige, doch alleszins bekwame dirigent, de heer P. Bakker van Koudum werden achtereenvolgens verschillende nummers ter gehore gebracht op een wijze die alleszins onze lof verdiend en dan ook een dankbaar applaus van de talrijke aanwezigen ontlokte. Ons in geen geval tot muziek criticus willende voordoen vonden wij de nummers „De zwarte tulp" en „Een schone Meimorgen" wel het mooiste. Voor de pauze werd ter afwisseling een krachtmeting in de z.g.n. hersengymnastiek gehouden door een 5-tal leden van het Stedelijk muziekcorps te Hindeloopen en 5 van de muziekvereen. Harmonie te Warns. Ook dit gedeelte van 't programma werd met spanning gevolgd: in de eerste helft was Hindeloopen voor, doch na de omwisseling begon Warns aan de spits te komen en won dan ook met een paar punten verschil. In de pauze werden loten verkocht waarop smakelijke prijzen door de winnaars gewonnen werden.
Bij het tweede gedeelte vervolgde de muziekvereen. met 't Fries Volkslied, bij de aanvang werden 2 couppletten van 't aloude Wilhelmus ten gehore gebracht, enkele pittige marsen en een klankvolle fantasie.
Als intermezzo voor de luisteraars een luisterwedstrijd, waarbij uit de reeds gespeelde nummers een bepaald fragment uitgevoerd werd de luisteraars konden dan op een hen verstrekt papier vermelden uit welk nummer het gedeelte was in totaal vier.
Ds. Groeneveld sprak het slotwoord, bracht dank uit aan de Vereen. voor het gebodene en sloot met dankgebed, waarna de aanwezigen gezamenlijk de bekende Avondzang aanhieven.
Begeleid door de muziekvereen. was dit een waardig slot van deze mooie avond, die voor Advendo zeker succesvol was en voor de aanwezigen rijkelijk kunstgenot schonk.
Het kerkgebouw was geheel gevuld.

'Concordia' Balk (1949-1975)

Aan het eind van de jaren veertig kreeg Piebe Bakker ook de mogelijkheid om de fanfare *'Concordia'* van Balk te dirigeren. Balk was voor hem mooi dichtbij huis, maar het orkest bleek wel een beetje tegen te vallen. De meeste leden van het orkest waren al oud, zo ook het bestuur en ze zaten in die tijd in Balk niet om vernieuwingen te springen. Piebe besloot na een tijdje de leiding te hebben gehad, om er een punt achter te zetten. Voor een jonge dirigent met moderne ideeën wat repertoirekeuze betrof was dit niet bepaald een motiverende groep.

Maar een paar jaar later kwamen hierin grote veranderingen. Er was in Balk een nieuwe huisarts komen wonen die bovendien ook nog eens muzikaal bleek te zijn. Hij en zijn vrouw hielden veel van muziek en werden fanatieke leden van het korps. Deze dokter besloot de gelederen nieuw leven in te blazen door het fanfareorkest om te vormen tot een harmonie. Zelf speelde hij hobo en zijn vrouw nam contrabaslessen. Omdat ze de hoboïst van het Frysk Orkest, dhr Sake Tiemersma, goed kenden besloten ze die te benoemen als hun dirigent; die wist bovendien veel af van houten blaasinstrumenten. Onder leiding van deze dirigent bloeide het orkest helemaal op. De huisarts werd benoemd tot voorzitter en maakte de hele harmoniebezetting compleet. Hij zorgde er ook voor dat er goede muzikanten in het orkest kwamen spelen.

Helaas moest deze dirigent al na enkele jaren afscheid nemen van de vereniging in verband met gezondheidsredenen. Toen klopte het bestuur bij de inmiddels bekende Piebe Bakker aan. Maar de associatie met de naam *'Concordia'* riep bij hem slechte herinneringen op en dat weerhield hem er eerst van om op het aanbod in te gaan. Het oude bestuur was immers niet zo positief geweest en over het salaris dat hij toen wilde hebben, wilden ze al helemaal niet praten; dat was veel te hoog. Ze waren niet gewend dat er in die tijd tien gulden per repetitie werd gevraagd.

Onder het voorwendsel van een te druk bezette agenda en onder het mom van dat ze hem toch niet konden betalen probeerde Piebe Bakker zich er onderuit te wringen. Hij was wel wat rap van tong, maar wat hij op dat ogenblik zei meende hij wel. Toch liet de voorzitter zich niet zomaar van het kastje naar de muur sturen. Het feit dat Piebe Bakker heel wat muzikale kwaliteiten in huis had en dus een goede leider voor het orkest zou zijn, maakte hem in zijn ogen uitermate geschikt en dus vroeg de dokter aan Piebe wat hij dan wel per repetitie vroeg.

'Concordia' Balk in 1949.

In die tijd was het honorarium voor de betere korpsen zo'n vijfentwintig gulden, maar Piebe besloot om hier veertig gulden per repetitie van te maken.

Dat was natuurlijk een enorm bedrag! Maar de voorzitter zich niet wegsturen. Integendeel, hij zei: 'U kunt dadelijk wel beginnen'. Die opmerking had Piebe niet verwacht en hij besloot dan ook maar om het aanbod dadelijk aan te nemen.

Hij dacht dat het hem muzikaal niet zoveel zou doen, maar financieel was het natuurlijk voor hem een buitenkansje! De bestuursleden vertrokken weer, maar Piebe hoorde ze klagen over hoe ze nu iedere keer die veertig gulden weer zouden moeten ophoesten. Ze raakten helemaal in paniek: 'Maar dokter, hoe moeten we dat nu betalen?', hoorde hij ze nog zeggen. Waarop de penningmeester zei: 'Tiemersma kreeg altijd vijftien gulden'. Maar de dokter had de oplossing gevonden: 'Ik zal iedere week de andere helft wel aanvullen, dan maar een bevalling extra in de week, maar als het kan wil ik wel op niveau blijven musiceren!'

Na een paar repetities concludeerde Piebe Bakker dat het een goed orkest was geworden. Hij gaf zelfs toe dat het een heel goed korps was, beter zelfs dan dat hij het zich had voorgesteld. Er waren veel jonge mensen bij die bovendien goede muzikanten bleken te zijn. Kortom, een orkest waarin wel toekomstperspectief zat. Toen was het geld plotseling niet zo belangrijk meer. Piebe vertelde dat als het bestuur hem tóen had gezegd dat veertig gulden niet in het budget paste, dat hij het korps wel voor de helft van het afgesproken bedrag had willen dirigeren.

'Concordia' o.l.v. Piebe Bakker tijdens een jubileumconcert in de jaren '70 van de vorige eeuw. Hij bracht samen met dit korps 3 LP's uit.

Sopraan Ans Booy uit Twello was één van de eerste zangeressen die samen met Piebe Bakker optraden met begeleiding van een harmonieorkest. Dat was in die tijd een nieuw fenomeen.

'Nij Libben' Koudum (1948-1970)

Zo'n eenentwintig jaar lang dirigeerde hij de Koudumer fanfare '*Nij Libben*', dat ontstaan was uit een fusie van het christelijke korps '*Looft den Heer*' en de fanfare '*Richard Holl*'. Met '*Nij Libben*' beleefde hij zijn eerste grote successen. Er zaten een aantal hele goede muzikanten bij en er speelden ook al aardig wat mensen mee die niet in Koudum woonden. Ze deden onder leiding van Piebe Bakker als eerste mee aan het '*Holland Festival*' in Scheveningen en behaalden als eerste Fries korps een eerste prijs op het W.M.C. (Wereld Muziek Concours) van Kerkrade. Omdat Piebe Bakker hoge muzikale eisen stelde, vroeg ik hem eens of de leden altijd wel zin hadden om tot het uiterste te gaan. Het waren immers mensen die het musiceren als hobby hadden en misschien niet altijd zo gedreven waren om altijd maar eerste prijzen te halen. Ik zat er niet ver vanaf toen Piebe Bakker mij vertelde dat het niet zo moeilijk was om een korps naar een hogere afdeling te brengen, maar dat het wel veel moeilijker was om het eenmaal bereikte niveau vast te houden. Het was soms een zware taak om de leden iedere keer weer opnieuw te activeren en om alles eruit te halen wat erin zat. Dit was er mede de oorzaak van dat Piebe in 1970 het orkest vaarwel zei.

Het W.M.C. te Kerkrade 1962
een impressie

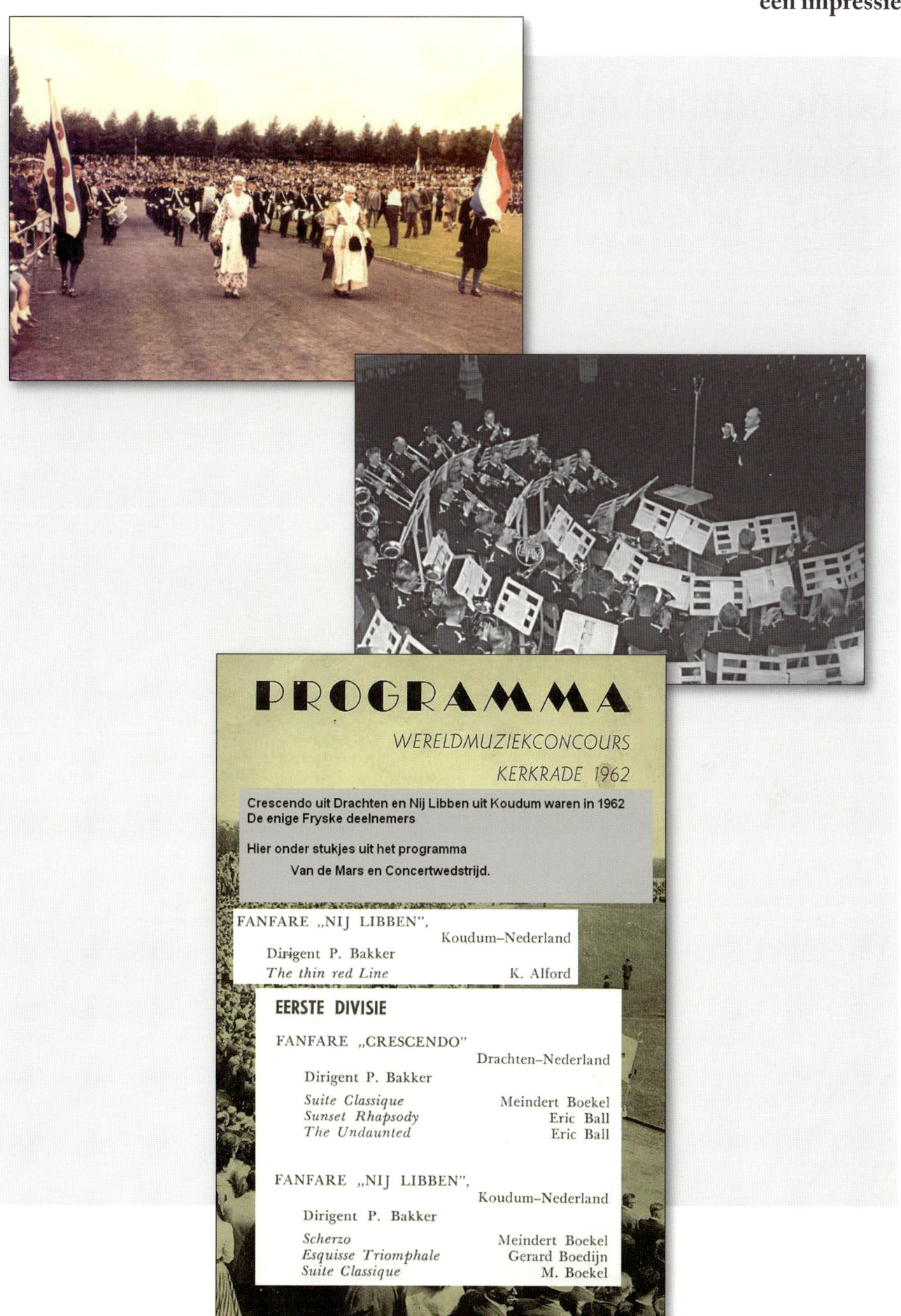

Vier korpsen op beroepsvlak
Na drie dagen strijd einde muziekconcours
Friese „Nij Libben" won het piekgetal

Het concours van de Alg. Ned. Unie van Muziekverenigingen is zaterdag, — de derde en laatste dag —, uitgestreden in de Stadsgehoorzaal, en wel van 12 uur middag tot nabij 12 uur nacht met onderbreking van de eetpauze.. Alle 15 korpsen waren opgekomen, van welke 11 zich bevonden in de F-groep, die overeenkomt met de „superieure". Men kan vragen wat de zin is van 'n superieur klassement in het muziek-amateurisme. O.i. moet hier het beroepsvlak geraakt worden, wat zeker werkelijkheid is geweest bij een viertal korpsen, voor welke we een groep K hadden willen creëren: de K. van Kunstklasse.

Dit concours bewees in ieder geval, dat E. en F. beslist twee is.

De jury-leden Laro, van Lijnschoten en Moerenhout vereerden het Friese „Nij Libben" uit Koudum van Piebe Bakker met 342 punten (op 360), het piekgetal van het concours.

'Nij Libben' tijdens het 'Holland Festival' in 1964.

'Hallelujah' Makkum (1951-1977)

Toen er in 1950 op pinkstermaandag een openluchtconcours zou worden gehouden in Bolsward en hij daarheen moest met het orkest van Parrega, hoorde Piebe het korps 'Hallelujah' van Makkum spelen. Een dikke week later vroeg deze vereniging via een advertentie in de krant om een nieuwe dirigent. Piebe had 'Hallelujah' horen spelen tijdens het concours in Bolsward en vond het veel beter dan Molkwerum en Parrega. Hij dacht: 'daar ga ik heen' en besloot om op deze advertentie te reageren. Daarop werd hij door de secretaris van 'Hallelujah' uitgenodigd voor een gesprek. Het gehele bestuur was voor die gelegenheid uitgenodigd. Samen spraken ze over het concours en vertelden toen dat hun eigen dirigent naar Amerika zou emigreren. Men wilde Piebe Bakker wel hebben als dirigent, dus vroeg de penningmeester wat hij per repetitie vroeg. Makkum was wel wat verder weg dus vond Piebe dat hij ook wel wat meer geld kon vragen. Hij vertelde het bestuur dat hij tien gulden per repetitie wilde hebben. Ze reageerden nogal geschrokken, zodat Piebe vroeg wat de huidige dirgent altijd kreeg. 'Een rijksdaalder per repetitie en met zijn verjaardag een kistje sigaren', werd er geantwoord.

Ze vroegen of hij in een ander kamertje even wilde blijven wachten, zodat het bestuur onderling kon overleggen. Piebe hoorde ze zeggen dat tien gulden wel wat aan de hoge kant was, maar dat ze het er wel voor over hadden omdat ze graag onder leiding van een vakman wilden musiceren. Een van hen zei: 'Ik heb deze jongeman zien dirigeren op dat concours en ik geloof dat die het wel in zich heeft'. Hij werd teruggeroepen uit het kamertje en het bestuur zei hem dat ze het wel wilden proberen, maar vonden tien gulden wel wat aan de hoge kant. Er werd besloten dat als ze het niet meer zouden kunnen volhouden, Piebe ontslag zou krijgen. Maar dat gebeurde niet. Integendeel, hij kreeg ieder jaar opslag! Achtentwintig jaar is hij met heel veel plezier dirigent van 'Hallelujah' geweest. Hij beschreef 'Hallelujah' als een vereniging waar het dorp trots op was en waar altijd een fantastische sfeer hing. Met het bestuur kreeg hij een hechte band. Zo werd het gebruikelijk dat als het programma voor het nieuwe seizoen samengesteld moest worden, men voor die gelegenheid een uitstapje naar het buitenland maakte. Zo is hij samen met het bestuur naar onder andere Duitsland, Denemarken, Noorwegen, Frankrijk en Engeland geweest. 'Hallelujah' begon op een steeds hoger niveau te spelen en behaalde in het laatst van de periode onder leiding van Piebe Bakker eerste prijzen op de Friese bondsconcoursen. Daar deden toen wel tachtig korpsen aan mee. Telkens als ze een prijs wonnen kreeg Piebe van het bestuur iets van Makkumer Aardewerk.

'Hallelujah' Makkum in 1952.

Een kleine anekdote uit Makkum

Na vijfentwintig jaar de dirigeerstok te hebben gehanteerd, vond Piebe dat het tijd werd om op te stappen en plaats te maken voor vernieuwing. Er werd afgesproken dat er nog een slotconcert zou worden gegeven in de Hervormde kerk en daarna zou het afgelopen zijn. Toen hij echter de kerk binnenkwam hing er een groot spandoek boven het orkest waarop de Letters P.B. stonden. Hij dacht dat dat de afkorting van zijn naam was, maar dat bleek een heel andere betekenis te hebben. Vlak voor de pauze nam de voorzitter het woord en richtte zich tot het publiek. "Jullie zullen allemaal wel denken: wat vreemd, die letters daar op het spandoek". Dat zal wel 'Piebe Bakker' betekenen. Maar dat is niet zo, het betekent: Piebe Blijft. Wij zijn nu overgaan fan fanfare op harmonieorkest, waarin ook de houten blaasinstrumenten zijn vertegenwoordigd en willen heel graag dat Piebe ons daarmee blijft helpen, zijn jullie het hiermee eens?"

Daarop volgde er een staande ovatie en een daverend applaus. Toen kon Piebe niet meer 'nee' zeggen en nam het besluit om er nog drie jaar er aan vast te knopen. Na die drie jaar nam hij wél definitief afscheid, zei het toch met enige weemoed.

Bij zijn afscheid in 1977 kreeg hij een prachtig wandbord van Makkumer Aardewerk cadeau.

Piebe vertelde dat er eigenlijk geen korpsen waren waar hij met tegenzin naar toe ging. Ieder korps had zo zijn eigenaardigheden, het dirigeren van de vele korpsen beschouwde hij als afwisselend. Zo trof je bijvoorbeeld bij de ene vereniging getalenteerde muzikanten aan, terwijl de andere vereniging collectief weer grote prestaties wist neer te zetten en op de concoursen meestal de uitblinkers waren. Zo zat er bijvoorbeeld bij 'Advendo' van Molkwerum een altsaxofonist die zo mooi en met zoveel gevoel kon spelen, zodat Piebe bijna vergat te dirigeren. Er waren ook korpsen die wat minder presteerden, maar waar de sfeer en de eensgezindheid juist heel duidelijk aanwezig waren. Het was voor Piebe niet beslist noodzakelijk dat een korps op een uitmuntend niveau kon spelen. Het belangrijkste voor hem was dat ze net als Piebe zelf fanatiek waren en bereid waren om hun best te doen. Dan kon je met elkaar genieten en vlogen de repetitieavonden om.

In 1953 had hij even de leiding over 'De Eendracht' van Woudsend maar dat korps bleek niet zo eendrachtig te zijn als de naam het aangaf. Het was een combinatie van twee orkesten: een christelijk korps en de 'Stânfries'. Een echt hechte ploeg was het niet en vooral bij concerten gaf dat wel eens de nodige problemen. In diezelfde periode heeft hij ook nog een tijdje de dirigeerstok gehanteerd bij het 'Stedelijk Muziekkorps' van Hindeloopen.

Van 1950 tot 1956 was Piebe dirigent van de fanfare 'Marlûd' uit Nijega H.O. (tegenwoordig Elahuizen), een dorpje in de buurt van Koudum. In het begin speelde deze vereniging in een van de lagere afdelingen, maar Piebe begeleidde hen naar succes. Ze wisten op een bondsconcours, dat in Gaasterland werd gehouden, van alle korpsen het hoogste aantal punten te behalen! Dat was voor hen een buitengewoon goede prestatie. Bij aankomst in het dorp werden de korpsleden dan ook door de bewoners op oliebollen getrakteerd.

Een kleine anekdote uit Oudega (W)

Omdat zijn collega Bram Feenstra naar Indonesië moest, kon Piebe Bakker zijn orkest 'Eendracht Maakt Macht' van Oudega (W) een tijdje overnemen. Hij had toen nog geen auto en ging er daarom op de fiets heen. Na de repetities fietste hij altijd langs het spoor tot de overgang tussen Koudum en Workum, want dat was veel korter. Maar op een nacht ging het goed mis. In Workum hadden ze om een of andere reden de spoorbrug laten openstaan en dus reed Piebe daar het kanaal in. Je mocht langs het spoor niet met het licht aan fietsen, dus had hij niet gezien dat de brug openstond. De fiets bleef aan de stenen leuning hangen en Piebe vloog over het stuur heen het water in. Gelukkig kon hij er weer uit komen, maar het was wel de laatste keer dat hij deze route koos!

Een ander orkest waaraan hij met veel plezier aan terugdacht was: 'Euphonia' van Wommels. Bij dat korps zat een slagwerker die volgens hem zijn gelijke in Friesland niet kende. Hij was ook instructeur van de 'drumband', een fenomeen dat toen nog in de kinderschoenen stond. Daar had hij veel succes mee. Zijn broer was vakmusicus en had als hoofdvak hobo gestudeerd aan het conservatorium met als bijvak pauken. Als Piebe eens met 'Euphonia' op concours moest dan sprak iedereen altijd over de fantastische slagwerksectie van dat korps. Piebe stak veel van hem op en deze man gaf hem zelfs nog een poosje trommellessen.

Met veel orkesten onderhield Piebe, ook na zijn afscheid als dirigent, de vriendschapsbanden. Zo was hij ook in het laatst van zijn carrière een veelgevraagde interim-dirigent. Zo ook bij muziekvereniging 'Euphonia' Op bijgaande pagina (blz 21) dirigeert hij het inmiddels tot harmonie omgedoopte orkest tijdens het nieuwjaarsconcert van 1996. Ook werd hij later benoemd tot erelid van het 'Stedelijk Muziekkorps' van de stad Sneek.

Fanfare 'Marlûd' uit Nijega H.O. (tegenwoordig Elahuizen).

'Euphonia' Wommels tijdens een nieuwjaarsconcert in 1996.

'Crescendo' Drachten (1956-1969)

'*Crescendo*' Drachten was in het verleden in Friesland een toporkest. Als eerste bondsorkest verschenen zij in uniform. Piebe Bakker herinnerde zich dat '*Crescendo*' altijd als laatste korps optrad bij de bondsconcoursen, s'avonds laat. De liefhebbers wachtten daar altijd op en kwamen dan naar voren om dat vooral niet te missen! Verder was het hele concoursterrein dan al leeg. Er werd wel een hele week over dat optreden nagepraat. Al in 1948 gingen ze naar Hilversum om daar opnames te maken voor het N.C.R.V-programma 'Te Deum Laudamus', waar Piebe Bakker, later als dirigent van '*Crescendo*', ook vele opnames voor maakte.

Na het overlijden van hun dirigent dhr Rimmert Kuiken, in 1956, kwam dit orkest vrij. Dit korps gaf ook wel concerten buiten de provincie Friesland. Toen al kwamen ze regelmatig op de N.C.R.V.-televisie en stonden ook altijd aan top op de bondsconcoursen. Alle Friese dirigenten waren natuurlijk vreselijk nieuwsgierig wie de nieuwe dirigent wel niet zou worden. Het was toen één en al opschudding in de blaasmuziekwereld en de wildste verhalen gingen rond. Zo zeiden sommige collega's van Piebe dat er over hen al informaties waren ingewonnen, maar dat ze het om het geld hadden afgewimpeld. Maar het bleek allemaal heel anders in elkaar te steken. Toen Piebe eens huiswaarts keerde na een dag lesgeven aan de M.P.A. (Muziek Pedagogische Akademie) van Leeuwarden, kon hij zijn ogen bijna niet geloven want hij zag het hele bestuur van '*Crescendo*' bij hem in de huiskamer zitten! Eenmaal binnengekomen vroeg de voorzitter hem of hij ook dirigent wilde worden van '*Crescendo*'. Nou dat liet hij zich geen twee maal zeggen. Maar alvorens op deze vraag een bevestigend antwoord te geven wilde hij nu toch wel eens weten hoe het nou zat met die geruchten die hij steeds had gehoord. 'Op welke plaats van jullie lijstje sta ik', vroeg hij. Ze keken elkaar wat vreemd aan maar hadden wel begrip voor deze vraag. Zelf wisten ze ook wel dat er van alles gespeculeerd werd. Nu was het zo dat het bestuur die middag bij de juryleden van de bond was geweest, waar Gerard Boedijn ook deel van uit maakte. Die hadden een drietal opgesteld waar Piebe Bakker nummer één van was. Hij heeft dat aanbod toen met beide handen aangegrepen en is dertien jaar lang dirigent van '*Crescendo*' geweest. Later dirigeerde hij ook nog de '*Philips brassband*' uit hetzelfde Drachten. De repetities waren ook nog op dezelfde avond: dat was dus keihard werken!

Piebe Bakker:

'Ik heb op z'n meest zeven korpsen gehad en dinsdags had ik er twee. Dan had ik van vijf tot zeven eerst de Philips Brassband in Drachten en van half acht tot tien uur had ik Crescendo van Drachten. En de rest van de week iedere avond een korps. Ik kwam dan s'middags uit school en dan nam ik even snel een zakje met boterhammen mee en dat at ik dan onderweg in de auto op. Maar ik moet eerlijk zeggen - ik draaide dan zo'n zeventig tot tachtig uur in de week en dat heb ik zeker een jaar of vijftien gedaan – maar daar moet ik bij zeggen dat ik er dan fluitend naar toe ging en ik kwam fluitend thuis. Ik ben nooit één keer met tegenzin in de auto gestapt !! Want die amateuristische kunstbeoefening die ligt mij namelijk heel hoog'.

Meindert Boekel

Een andere grote naam uit de toenmalige muziekwereld waarmee Piebe Bakker te maken kreeg was Meindert Boekel. Hij was bij de N.C.R.V. werkzaam als organist en als dirigent van het 'Groot Omroepkoor'. Toen Piebe dirigent was van 'Crescendo', kreeg Boekel de opdracht om een paar composities te schrijven op Friese teksten. Deze stukjes zouden worden uitgevoerd door een groot koor gevormd door enkele Friese koren met begeleiding van 'Crescendo'. Het geheel zou worden opgenomen in de Martinikerk te Bolsward. Omdat Boekel geen Fries was, werd Piebe gevraagd het geheel met de koren in te studeren. Er werd afgesproken dat hij daarvoor acht repetities kreeg, de negende zou Boekel aanwezig zijn en de tiende keer zouden de opnames plaatsvinden. De begeleiding van 'Crescendo' was vrij eenvoudig, maar de koorpartijen waren veel moeilijker. Met een grondige aanpak probeerde Piebe te voorkomen dat Boekel teveel kritiek zou hebben. Op de negende repetitie kwam Boekel en begon eerst met wat inzingoefeningen. Maar toen hij met de liederen begon, kon Piebe zijn oren bijna niet geloven. Met verbazing stond hij te luisteren; het werd gewoon een héél ander koor! Daar was hij niet tegenop gewassen, zo goed Boekel dat koor dirigeerde! Hij besprak dat samen met zijn collega Bram Feenstra die ieder jaar in diezelfde kerk de Matthëus Passion uitvoerde. Samen besloten ze om zich wéér bij het conservatorium van Zwolle te laten inschrijven, maar dit keer om hun diploma koordirectie te gaan halen!

Boedijn en Boekel gastdirigent
Indrukwekkend concert van „Crescendo" Drachten

„Crescendo" in Drachten heeft gisteravond in „De Lawei" te Drachten onder leiding van Piebe Bakker zijn eerste concert gegeven met zijn nieuwe instrumenten. Als gastdirigenten traden op Gerard Boedijn en Meindert Boekel.

"CRESCENDO"

DRACHTEN

BIJ DE FOTO'S OP DEZE EN VOLGENDE PAGINA

De 60 leden van de Chr. Muziekvereniging «CRESCENDO» zijn erg trouw in het bezoeken van de repetities. Toen de dirigent hen eens vroeg op zaterdagmiddag een extra repetitie te houden, waren er maar drie die verstek lieten gaan ! Deze foto's werden genomen toen er opnamen werden gemaakt voor een nieuwe grammofoonplaat van het korps. Op de foto... dirigent Piebe Bakker.

Aan de Christelijke Muziekvereniging « Crescendo » uit Drachten is dit jaar de eer te beurt gevallen op het Holland Festival te mogen spelen. Op 28 juni jongstleden heeft het 60 man sterke korps meegewerkt aan een concert in het Kurhaus te Scheveningen. Dat dit een heel bijzondere eer was, mag duidelijk worden uit het feit dat van de plusminus 3000 Harmonie- en Fanfarekorpsen welke ons land rijk is, er slechts vier worden uitgenodigd om in het kader van het Holland Festival een concert te geven, namelijk de twee beste van beide categorieën. Deze vier korpsen vertegenwoordigen de

vervolg volgende pagina

Christelijke Federatie —, de Koninklijke Federatie —, de Rooms-Katholieke Federatie — en de Alg. Ned. Unie van muziekveren. in Nederland. Het was voor het eerst dat «Crescendo» werd uitgenodigd naar Scheveningen te komen. Het spreekt vanzelf dat men in Drachten bijzonder ingenomen is met dit debuut en dat dit nieuwe «wapenfeit» met gepaste trots in de annalen van het korps is opgetekend.

De geschiedenis van «Crescendo» vormt overigens een aaneenschakeling van hoogtepunten. Niet voor niets staat het korps als één van de beste van Friesland, zelfs van heel ons land aangeschreven. «Crescendo» werd in 1916 opgericht. Tien jaar later verwierf het op een concours een eerste prijs. Sindsdien heeft het korps uitsluitend eerste prijzen behaald, vanaf 1932 alleen in de super ereafdeling! Van 1924 tot voor enkele jaren terug heeft «Crescendo» iedere zondag de gemeentezang in de Geref. Zuiderkerk te Drachten begeleid. In verband daarmee heeft het korps zich gespecialiseerd op koraalspel. Tengevolge daarvan heeft het indertijd als eerste van de Harmonie- en Fanfarekorpsen in ons land voor de NCRV gespeeld. De eerste dirigent was T. Marra. Deze werd drie jaar na de oprichting opgevolgd door R. Kuiken, die niet minder dan 37 jaar de dirigeerstok in handen heeft gehad. De laatste zes jaar speelt «Crescendo» onder leiding van Piebe Bakker. In deze periode nam het acht keer deel aan een concours en verwierf het alle keren een maximum aantal punten met lof van de jury.

Dirigent Piebe Bakker kan hierop terecht trots zijn. Daarover spreekt hij echter niet. Hij wijst er alleen op, dat onder de korpsleden een buitengewoon goede sfeer heerst, dat men bereid is desnoods al zijn vrije tijd aan het korps te geven en dat «Crescendo» een uitstekend gedisciplineerde vereniging is. Dit laatste is met name mede te danken aan één van de oudgedienden, de voorzitter B. v.d. Wal. De repetities worden bijzonder trouw bezocht, zelfs ziet men er niet tegenop een vrije zaterdagmiddag te repeteren als de faam van het korps op het spel staat. En er staat nog al eens wat op het spel voor «Crescendo», want er zijn andere goede korpsen in Friesland die het naar de kroon steken. Eén daarvan is «Nij Libben» te Koudum, dat vorig jaar op het Holland Festival speelde. Ook dit korps wordt gedirigeerd door Piebe Bakker. Met beide korpsen speelt hij volgende maand op het Int. concours te Kerkrade. Tussen «Crescendo» en «Nij Libben» bestaat een grote en gezonde wedijver en Piebe Bakker heeft de taak boven de partijen te blijven staan.

Dat is minder eenvoudig dan het misschien lijkt. Zelf Koudumer van geboorte, speelde hij namelijk reeds op achtjarige leeftijd in «Nij Libben» en zijn vader is nu al een lange reeks van jaren lid van dit korps. Uit die jongenstijd weet Piebe Bakker zich nog heel goed de vermaardheid van «Crescendo» te herinneren. Gewoonlijk speelde het Drachtster korps als één van de laatsten op een concours, maar vrijwel niemand van de honderden muzikanten ging naar huis zonder eerst naar «Crescendo» te hebben geluisterd... Piebe Bakker (32 jaar) was oorspronkelijk van plan klarinettist te worden. Maar toen hij zijn studie had afgemaakt, besloot hij in een andere richting te zoeken. Hij ging daarom instrumentatie-, directie- en harmonieleer bij Boudijn in Hoorn studeren en bezocht daarna het Muzieklyceum te Zwolle, speciaal voor harmonie- en fanfareleer. Het was Boudijn die hem er van overtuigde, dat de amateur-korpsen deskundige leiding nodig hebben en dat hier een taak voor hem was weggelegd. Op 17-jarige leeftijd dirigeerde hij zijn eerste korps. Thans leidt hij behalve de fanfarekorpsen te Drachten en Koudum, die te Wommels en Makkum en het Harmoniekorps te Balk. Voorts is hij directeur van de Muziekschool te Koudum (722 leerlingen) en muziekleraar aan enkele scholen in Koudum en Balk.

Bij *Crescendo* Drachten moest destijds alles op rolletjes lopen; het korps speelde immers een vooraanstaande rol in de promotie van de blaasmuziek. Daar hadden ze wel iemand voor; hun voorzitter, die de wind er goed onder had en waar Piebe Bakker als jongeman nog het een en ander van heeft opgestoken. Onder Piebe's leiding mochten ze voor de N.C.R.V. als eerste Fries korps een uitzending verzorgen in samenwerking met een aantal koren. De voorzitter zorgde er dan voor dat alles bij zo'n bijzonder optreden in goede banen verliep. Zo ging hij tijdens de repetitie bij iedere muzikant langs en zei dan bijvoorbeeld tegen enkele muzikanten dat ze nog even naar de kapper moesten gaan of dat hun overhemd de keer daarvoor niet wit genoeg was. Tegenwoordig zou je hierom lachen, maar ten tijde van Piebe Bakker had deze voorzitter de wind er goed onder.

Hij werd op zevenentwintigjarige leeftijd dirigent van *Crescendo* en moest, zoals hij het zelf zei 'nog veel leren'. Zo werd hij tijdens een van de eerste repetities direct al streng toegesproken door de voorzitter. 'Luister eens', zei hij. 'Als u het een keer tijdens de repetitie niet goed doet, doet u het nog goed. Maar pas goed op, als ik het ergens mee oneens ben dan zal ik u dat na de repetitie duidelijk maken. Het moge duidelijk zijn dat ik tijdens de repetities geen meningsverschillen wil hebben !, want dan horen bestuur en dirigent een eenheid te vormen !'. Dat was klare taal waarvan Piebe Bakker naar eigen zeggen veel van heeft geleerd en dat kwam hem in zijn latere loopbaan ook goed van pas.

Het dirigeren van *Crescendo* kan wel beschouwd worden als de brug naar landelijk succes. Hier maakte Piebe Bakker kennis met de bekende namen zoals Meindert Boekel en Gerard Boedijn, die hij al langer kende en die inmiddels wel wist welke kwaliteiten Piebe Bakker in huis had. De dertien jaar dat hij *Crescendo* mocht leiden waren voor hem en de leden een succesvolle periode. Dit valt ook te lezen uit de stukken die ik hier heb toegevoegd en waarin de eenheid van dirigent en orkest zich weerspiegelt.

Crescendo:
CRESCENDO 75 JAAR!

Een tijd om nooit te vergeten

Het bestuur heeft volgens mij destijds een gouden greep gedaan door Piebe Bakker aan te trekken. Onder zijn leiding heb ik mij goed kunnen ontplooien. Al snel bracht ik het tot eerste, respectievelijk solocornettist. Dit was mijn mooiste periode. Veel hoogtepunten zijn er te memoreren. Te veel om hier allemaal te noemen. Daarom vermeld ik er maar enkele.
Allereerst het bezoek aan de koningin op paleis Soestdijk in het begin van de jaren vijftig. De pedagogisch culturele vormingsdag in 1960 te Groningen. Dat mijn broer en ik ons terdege hadden voorbereid, blijkt wel uit het feit, dat we alle werken uit ons hoofd hebben gespeeld.
Een muzikaal hoogtepunt vond ik ook de uitvoering van 'Festival-Music', een op muziek van Mozart geïnspireerd concertnummer, geschreven door Eric Ball. Ik bespeelde toen de escornet. Staande applaudisseerde de jury: op één punt na werden we met het maximum aantal punten beloond.

JAN W. BOERSMA
Crescendo hat 10 jier lang myn libben bepaald. Weromtinkend oan dy tiid spilet my de Sunset Rhapsody troch de holle, myn earste konkoerswurk yn 1960 (ik wie doe 14 jier), wêryn't Eric Ball it ûndergean fan de sinne yn see muzikaal werjout; alteast, sa haw ik syn stik altyd ynterpretearre.

Nei't Kuiken ferstoarn wie yn 1956, kaam Piebe Bakker as dirigint. In hiel oar man as Kuiken, mei in hiel oare oanpak. It repertoire waard ek fernijd. Ik leau net dat dat doe elkenien nei't sin wie.
Ik fûn dat moai, mar ik wie ek safolste jonger.

Bakker wie (is) in kundich dirigint, fol fjoer, dy't yn steat wie om, as 't der op oankaam, jo hast better spylje te litten as dat jo koenen. Hy tilde jo suver fan 'e stoel.
In drokke tiid mei in soad konserten, radio-opnamen ensfh. Mar ek in hiel moaie tiid, foarmjend.
Crescendo bepaalde doedestiids myn libben. Ik haw der in soad oan hân.

- Durk Boersma

Op 'e konkoersjûn sels, yn Wommels, nei't ik alle foarôfgeande noaten dy't allegearre tsjinnen as tarieding ta dy iene lege bes, dy't dêr oan 'e ûnderste balke fan myn papier ferduldich hong te wachtsjen, heal ferskûle ûnder it stimpel fan muzykútjouwerij Molenaar dy't blykber gjin idee hie watfoar belangrike saken hy sels printe hie, de noch waarme jûnsloft ynblaasd hie, sylde de dirigearstok út de ynfallende skimer wei op my del en skepte sa, sûnder dat ik der eat foar dwaan hoegde, in ripe bes út myn beker.

En doe lake Piebe Bakker. As de oankundiging fan in nije dei. Wy tegearre hienen de ûndergong fan 'e sinne bewurke én dy fan 'e ierde tefoarenkommen.

Sûnt dy tiid wit ik dat der in soad bart, mar dat mar yn bytsje wichtich is. Sadat Piebe my noch altiten, 31 jier letter, út 'e fierte wei dirigearret.

Bij zijn afscheid in 1969 kreeg hij van de voorzitter een verzilverde dirigeerstok cadeau als herinnering aan de vele successen.

Ook met 'Crescendo' bracht hij een LP uit.

Het Wonseradeel-koor en de Wonseradeel-kapel.

Nadat Piebe Bakker achtentwintig jaar lang dirigent van het korps 'Hallelujah' van Makkum was geweest, kwam de gemeente Wonseradeel in 1978 met het plan om een gemeentelijk koor- en orkest op te richten. Dit was bedoeld om diegenen tegemoet te treden die wat meer wilden presteren dan wat in hun eigen vereniging mogelijk was. Ze vroegen aan Piebe Bakker om de leiding van koor en orkest op zich te nemen. Al snel bleek dat het korps meer kwaliteiten in huis had dan het koor. De koorleden konden minder goed van blad lezen en zingen en vooral voor de wat moeilijkere stukken was er veel repetitietijd nodig. Zowel koor als orkest hadden één keer per maand repetitie. Zo'n vijf jaar heeft Piebe de leiding over deze beide onderdelen gehad, maar toen bleek dat de prestaties van het koor niet beter werden besloot hij er een punt achter te zetten. Omdat hij het koor en het korps onder dezelfde leiding wilde houden, is hij toen ook met het orkest gestopt.

Ondanks alles was het volgens Piebe een mooie tijd waarin hij een aantal leuke concerten heeft gegeven, bijvoorbeeld in het kader van het Frysk Festival in 1980 (voorloper van de Rabofestivo's) en 1985 en met verscheidene solisten waaronder Rients Gratema die zelf ook uit de gemeente Wonseradeel afkomstig was.

Presentatieconcert Wonseradeel-Kapel

De Wonseradeel-Kapel geeft op zaterdag 26 april een presentatieconcert in de sporthal Maggenhiem te Makkum. De kapel bestaat uit ongeveer zestig muzikanten, allen leden van muziekverenigingen in de gemeente Wonseradeel. De Wonseradeel-Kapel onder leiding van de heer Piebe Bakker uit Koudum heeft tijdens het Frysk Festival gespeeld in Balk, Appelscha en Kollum, samen met plaatselijke muziekverenigingen, en ook werd in dat kader samen met een balletgroep uit Brugge de Fryske Balletsuite uitgevoerd. Deze muziek, gecomponeerd door Jan de Haan, zal ook zaterdag ten gehore worden gebracht en verder staan er werken voor koor en orkest op het programma, want ook het Wonseradeel-Koor doet mee. Solisten zijn Aukje van der Meer-Kamstra, sopraan, Cees Kamstra, bariton en Eabe Brander, xylofoon.

MEIWURKJENDE FORIENINGEN

1. Muzykforiening Oosterwolde to Easterwâlde
2. Muzykforiening 'Crescendo' to Makkingea
3. Muzykforiening VIOS to Appelskea
4. Muzykforiening 'Concordia' to Elsloo
5. Muzykforiening 'Excelsior' to Haulerwyk/Waskemar
6. Muzykforiening 'De Bazuin' to Donkerbroek

Fierders de Wûnseradiel-Kapel
gearstald út de korpsen fan de Gemeente Wûnseradiel
en
in Ballet-Groep út Brugge (België)
û.l.f. Olivia Geerolf, dy't ek de choreografy
hjirfoar skreaun hat op muzyk fan Jan de Haan
út It Hearrenfean.

MASSED BANDS CONCERT

MASSED BANDS CONCERT
mei 250 amateur-musici út de
Fryske Harmonie -
Fanfarekorpsen en
Brassbands

m.m.f.: slachwurk - soliste
fluit - solist
balletgroep mei solisten

en: meiïnoar sjongen

It gehiel ûnder lieding fan
Piebe Bakker

Sneon 19 jannewaris yn de
Sporthal 'De Steegdenhal'
to Appelskea
de jouns om 20.00 ûre.

**Dit programmaboekje is teffens jo tagongsbiwiis.
Tagongspriis f 7,50**

Muziekdocent

Als tussenstop moeten we ook even stilstaan bij de rol die hij als muziek docent heeft gespeeld.

Piebe vertelt:

'In september 1949, na de zomervakantie, werd mij gevraagd om zangles te geven aan de leerlingen van de Christelijke huishoudschool in Koudum. Dat was wel weer heel wat anders, maar met een vaste benoeming, in het ziekenfonds (de IZA) en een intrede in het pensioenfonds was dat natuurlijk niet niks! Dit trok mij wel aan dus ik hoefde er niet zo lang over na te denken. De eerste les zal ik trouwens nooit meer vergeten!
Ik dacht dat ik me goed had voorbereid op die les, maar toch. De les begon om half negen met de zogenaamde 'assistentenklas' dat waren derdeklassers van een jaar of vijftien. Ik was toen zelf nog maar twintig jaar, dus niet eens zo heel veel ouder. Toen ik mijn boek met aantekeningen voor me had liggen en wilde beginnen, zei een van de meisjes – de klassenvertegenwoordigster-: 'Meneer, we moeten nog beginnen'. Ik zei: 'Beginnen, wat bedoel je daarmee?'. 'Nou, u moet nog bidden en een stukje uit de bijbel voorlezen, daar ligt het bijbelrooster', zei ze. Kijk, ik bedoel maar, dit had ik natuurlijk thuis niet voorbereid! Ik heb me toen maar snel aan het rooster gehouden en ben toen overgegaan tot de orde van de dag. Het was voor mij allemaal nieuw, maar die meisjes vonden het blijkbaar allemaal heel gewoon.

Ik ben toen op les gegaan voor het AMV (Algemene Muzikale Vorming)-diploma bij het Gehrelsinstituut. We kregen toen lessen van Willem Gehrels in persoon. Hij was toen de grote man voor wat betreft de schoolmuziek. Dit diploma was ook vereist om een vaste aanstelling te krijgen. Dit verliep zonder problemen, maar het is nog wel aardig hier bij te vertellen dat na het examen – gehouden in Groningen- de oude Gehrels mij vroeg of ik er ook voor voelde om bij hem aan zijn instituut te komen werken en om dan mee te gaan door heel Nederland om de AMV-cursussen te verzorgen. Nou, ik bekeek die schoolmuzieklessen meer als een bijzaak, de instrumentale muziek sprak mij toch meer aan, maar ik vond het wel een eer dat hij mij hiervoor vroeg.

De meisjes van de huishoudschool hadden eigenlijk altijd wel zin om te zingen. Ik had daar een piano voor de begeleiding en met wat leuke liedjes waren de lesuren dan ook zomaar voorbij. Met Ep Jansen, de gymnastiekleraar, hebben we een aantal jaren achterelkaar een aantal 'shows' uitgevoerd op het sportveld 'De sândobbe' in Koudum. Die shows bestonden uit het maken van mooie figuren met de meisjes samen met verschillende muziekkorpsen en het werd besloten met een taptoe. Ieder jaar trok dat weer vele toeschouwers vanuit de gehele Zuidwesthoek, soms was er wel vierduizend man aan publiek!

Show te Koudum evenememt voor de Zuidwesthoek

Reeds enkele jaren aaneen werd door 2 jonge, kunstzinnige personen te Koudum een uitstekend samenspel, in hun woonplaats in de maand juni een show georganiseerd, waarbij de duizenden bezoekers (sters) konden genieten van een rijk gevarieerd programma. De heren P. Bakker en E. Jansen, musicus en gymnastiekleraar wisten elk jaar opnieuw een aansprekend programma te ontwerpen, dat zowel het oog boeide als het oor.

En steeds weer werd deze show een avond van ontspanning, door het meer luchtige karakter van het programma waarbij naast de vaste medewerkende verenigingen uit eigen omgeving, zoals de fanfare „Nij Libben" en de leerlingen van de chr. huishoudschool ook van elders krachten werden aangetrokken, passend in het ontworpen programma van muziek en dans, van kleuren en lijnen, rythme enz.

Vorig jaar waagde men het o.a. met de grote man van de „Judo", maar de show 1963, brengt ditmaal iets uit het Zuiden van ons land, n.l. het optreden van een groep Gildebroeders uit Noord-Brabant (Kempenland).

Bij het vendelen heeft elk onderdeel haar betekenis, maar het zal op deskundige wijze worden uitgelegd. Ook zal worden gedemonstreerd het Koningsschieten, met de uitroeping van de beste schutter tot schutterskoning.

Dit is maar een kleine greep uit het rijke programma van de Gildebroeders.

En dan uit eigen en naaste omgeving de medewerking van sportvereniging Oeverzwaluwen met een zeer apart nummer, leerlingen chr. huishoudschool met ritmische dansen, muzikale medewerking van „Nij Libben", Koudum en de korpsen van Makkum en Wommels, alles onder leiding van de heer Bakker.

Als slotfase brengen deze drie een grootse taptoe.

Het duurde niet zo lang, toen kreeg ik ook een betrekking aan de huishoudschool en de landbouwschool van Balk. Met die knapen van de landbouwschool, waarvan sommigen een jaar of zeventien waren, was het natuurlijk een heel ander verhaal dan met de meisjes van de huishoudschool. Ik vertelde hen het een of ander over de verschillende muziekinstrumenten, ensembles en orkesten, liet ze hen horen en probeerde hen dan door middel van opnames wat liefde voor de muziek bij te brengen. Daarbij liet ik hen een schrift maken; ze moesten dan zelf plaatjes zoeken met afbeeldingen van muziekinstrumenten en dergelijke en die in dat schrift plakken. Sommigen waren daar heel erg precies in. Een van die jongens vroeg eens: 'Meneer, waarom hebben we eigenlijk muziekles?''. "Dat is een goede vraag, jong', zei ik. 'Eigenlijk had ik dat in het begin al moeten uitleggen, maar toe maar, dan zal ik het nu even doen'. 'Kijk', zei ik. 'Jullie weten wel dat als er muziek klinkt in de stal, de koeien hierdoor de melk beter laten vallen, loslaten, (Dit had ik ergens eens een keer gelezen in één of andere krant) maar nu is het zo dat niet àlle muziek daar geschikt voor is; muziek van de Beatles bijvoorbeeld is minder geschikt dan de zogenaamde 'klassieke muziek'. Nu ben ik hier aangesteld om jullie het verschil hiertussen te leren'. Ze keken me allemaal wel wat ongeloofwaardig aan, maar ik heb ze er later niet weer over gehoord.

Toen het tot grote verbazing van de inspecteur van het landbouwonderwijs – dhr Van der Mark – zo goed ging met de muzieklessen op deze school, spande die mij voor een héél ander karretje! Hij vroeg mij of ik eens in de twee weken een muziekcursus wilde geven in Meppel voor leerkrachten uit het landbouwonderwijs van de drie noordelijke provincies. Het was namelijk gebleken dat hij graag aan álle landbouwscholen muzieklessen wilde hebben, maar dat het veel te duur was om aan al die scholen een vakleerkracht voor muziek aan te stellen. Nou, ik er heen natuurlijk. 'Nee' zeggen was er toen in die tijd niet bij! Het hoofd van de landbouwschool in Balk, mijn baas, wilde deze cursus ook volgen dus ging hij met mij mee. Er kwamen zo'n twintig leraren op af en ik voelde me met zo'n klas vol ouderen niet helemaal op m'n gemak. Toen ik met de les was begonnen, merkte ik aan mezelf dat ik wel wat zenuwachtig was. Toen ik ongeveer vijf minuten bezig was, werd er op de deur geklopt. Ik deed open en daar kwam het hoofd van de landbouwschool van Franeker binnen. 'Ja meester, ik had een lekke band en ik moest twee keer voor een brug wachten'. Hij deed net zo als de jongens van zijn school het ook zouden doen als ze te laat kwamen. Iedereen lachen natuurlijk, maar ik was wel van mijn zenuwen verlost! Ik heb daar in Meppel met genoegen een jaar of twee lessen gegeven.

Er werd in Koudum een nieuwe L.T.S. (Lagere Technische school) gebouwd. De directeur, een groot muziekliefhebber, kwam al gauw bij mij of ik ook daar een paar uurtjes muzieklessen wilde geven. Ik had inmiddels al de nodige ervaring, dus ik voorzag geen problemen die mij ervan weerhielden het niet te doen. Na een paar jaar vroeg ik de directeur of het ook mogelijk was om een drumband te vormen van een aantal muzikale jongens. 'U gaat uw gang maar, ik zou het schitterend vinden als dat zou slagen', zei hij. Aan een paar praktijkleerkrachten vroeg ik toen of het mogelijk was dat ze samen met de jongens wat dieptrommels enzovoort wilden maken voor de nieuwe drumband. Dat ging van start en na een jaar hadden we op de L.T.S. onze eigen drumband. Dat was een prachtige tijd! De jongens van de technische school waren over het algemeen beter in praktijk dan in theorie. Eigenlijk hadden ze daar maar een hekel aan.

Zo gaf ik daar aan al die scholen muzieklessen. Met de meisjes van de huishoudschool kon je mooi zingen, maar met de jongens van de L.T.S en de landbouwschool lukte dat niet, die hadden vaak al de baard in de keel en zingen werd dus niets. Ik liet ze dan maar net als de jongens van de landbouwschool een schrift samenstellen.
Zelfs aan de MAVO in Koudum heb ik nog een tijdje lessen gegeven. Maar daar had je de jongens en meisjes bij elkaar in de klas. Zingen viel voor de jongens niet mee, die zaten met de stemwisseling. Zodoende deed je bij hen wat meer aan het beluisteren van muziek, terwijl de meisjes liever zongen.
Toen ik directeur van twee muziekscholen was geworden, heb ik mijn baan aan de scholen opgezegd. Al met al heb ik een jaar of tien hieraan een pracht van een baan gehad met lange vakanties!'.

Toen Piebe Bakker in 1999 eens moest invallen als dirigent bij een orkest uit Bakhuizen, trof hij in de pauze een paar oudere muzikanten die hem bekend voor kwamen. Ze bleken, toen veertig jaar geleden, les van Piebe Bakker te hebben gehad aan de L.T.S. van Koudum. Ze vertelden hem dat ze hun schrift met plaatjes nog hadden en dat één van hen daar zelfs nog wel eens een blik op wierp. Dit was een bewijs dat Piebe Bakker als muziekdocent aan deze school wel succes had geoogst!

Piebe Bakker marcheert met de drumband van de L.T.S. door de Hoofdstraat van Koudum.

Het Nationaal Jeugd Fanfare Orkest (1964-1989)

Het NJK (later Nationaal Jeugd Fanfare Orkest) werd in 1954 opgericht als onderdeel van de christelijke federatie. Een naam die in dit verband niet mag ontbreken was die van Bindert de Vries die toen de grote gangmaker was achter dit orkest. Hij was administrateur van de federatie en kwam daardoor nogal vaak in Den Haag en wees de politiek erop dat een dergelijk orkest een belangrijke rol speelde in educatief opzicht en hierdoor ook de amateuristische muziekbeoefening kon stimuleren. Zo probeerde hij subsidies los te peuteren bij het ministerie van Cultuur. De Vries kwam ook altijd op de repetities en hielp dan mee bij de organisatie van het jeugdkorps. Eens per maand werd er gerepeteerd in Amersfoort. De eerste dirigent was Peet van Bruggen, maar toen hij in 1964 directeur werd van de Johan Willem Frisokapel mocht hij van de inspectie Militaire Muziek het jeugdkorps er niet meer bij doen. Door de vele successen die Piebe Bakker boekte op de concoursen met zijn Friese korpsen en door de kennismaking met bekende componisten en arrangeurs, rolde Piebe Bakker in 1964 de wereld van het Nationaal Jeugdkorps binnen. Hem werd in 1964 gevraagd de leiding van dit orkest over te nemen. Een aanbod dat hij niet wilde laten schieten!. Onder zijn leiding beleefde het orkest vele internationale successen. In het begin kwamen de meeste leden uit het Noorden van het land, want daar waren er veel korpsen die aangesloten waren bij de christelijke federatie. Maar toen er eenmaal naast de provinciale SAMO's (Samenwerkende Muziek Organisatie) ook een landelijke SAMO kwam, werd het besluit genomen om ook voor de andere federaties het lidmaatschap open te stellen. Zo werd het in de zestiger jaren van de vorige eeuw een nationaal gebeuren en konden de eisen voor wat betrof het proefspel aanzienlijk worden verhoogd. Eens per jaar werd er in Utrecht auditie gehouden om de lege plaatsen van leden die vanwege de leeftijdsgrens (19-23 jaar) moesten stoppen weer opgevuld. Daar was altijd grote belangstelling voor.

Tot de educatieve functies van het jeugdorkest behoorden onder andere:

* Het geven van radioconcerten waarin aandacht geschonken werd aan nieuwe composities voor blaasorkest.

* Het doen van televisieoptredens in het kader van het N.C.R.V.- programma 'Charmonie'

* Medewerking verlenen op dirigentendagen over de ontwikkelingen van de Nederlandse blaasmuziek.

* Het voorspelen van de verplichte concourswerken.

* Om het jaar meedoen aan internationale concoursen of festivals om daar het werk van Nederlandse componisten te promoten.

Onder leiding van Piebe Bakker maakte het orkest vele buitenlandse reizen. Hieronder volgt een overzicht

1966 *Engeland* - muziekweek in Middlesborough met deelname aan een internationale concertwedstrijd waar het orkest een tweede plaats behaalde.

1973 *Oostenrijk* deelname aan het festival 'Jeugd en Muziek' te Wenen. In deze concertwedstrijd, waaraan werd deelgenomen door 22 blaasorkesten uit West-Europa en Amerika bereikte het Nationaal Jeugdkorps in de hoogste divisie de eerste plaats.

1974 *Denemarken* (Kopenhagen) Hier werd deelgenomen, op uitnodiging van de Deense ambassade, aan het grote internationale festival voor jeugdorkesten. Aan dit evenement, wat onder de naam 'People to People' werd gehouden en als doelstelling de volken oproept tot toenadering en verbroedering, werd deelgenomen door een zéér groot internationaal gezelschap. In de concertwedstrijd werd het Nationaal Jeugdkorps eerste, Engeland tweede en West-Duitsland derde.

1976 *Oostenrijk* (Wenen) Deelname aan het festival 'Jeugd en Muziek' waarin het Nationaal Jeugdkorps de Grote Prijs van Wenen won.

1978 *Zweden* (Halmstadt) deelname aan het Halmstadt international festival.

1980 *België* (Brugge) concerttournee

1983 *Denemarken* – concerttournee door Noord-Jutland

1987 *Duitsland* - concerttournee

1989 *Amerika* concerttournee in het kader van het afscheid van Piebe Bakker.

Wat houdt proefspel in voor toelating tot het Nat. Jeugdkorps??

Vorige maand stond er in de muziekbode een oproep voor enkele nieuwe leden- welke in een bepaalde leeftijd- een proefspel zouden kunnen afleggen in de kerstvakantie om lid te worden van het N.J.K.
Verschillende jongelui hebben mij gebeld en gevraagd wat ze nou eigenlijk allemaal moeten kunnen spelen om hiervoor in aanmerking te komen.
Het lijkt mij dan ook het beste om in dit november-nummer nog even aan iedereen, welke hier belang in stelt, te vertellen wat bij zo'n proefspel van je wordt verlangd.
Ten eerste is het niet beslist noodzakelijk om één of meer diploma's te bezitten. Het is echter wel gemakkelijk; we weten dan n.l. metéén op welk niveau je zo ongeveer kunt spelen.
Je **theoretische kennis** is hier bij echter wel van groot belang met deze kennis is het soms bij uitstekende muzikanten welke geen diploma bezitten droevig gesteld.
Bij het **proefspel** gaat het om:
a. goede **toonvorming**
b. redelijke **techniek**
c. goede **ritmiek**
d. **goed kunnen lezen.**
Iedereen die meent hieraan te kunnen voldoen (met of zonder diploma's) kan gerust komen voor een proefspel. Het proefspel gaat als volgt: Je krijgt hiervoor ongeveer 10 minuten toegewezen waarin je een toonladdertje moet spelen over de gehele omvang van je instrument. Verder kun je naar eigen keus een étude of voordrachtstuk geheel of gedeeltelijk spelen, waarna je nog een paar regeltjes (a prima vista) van 't blad moet spelen om te bewijzen dat je goed kunt lezen.
Lukt het niet metéén; dan heb je in elk geval enige ervaring opgedaan en kun je het een volgend jaar weer proberen. Enkele leden van het N.J.K. hebben soms wel drie keer proef gespeeld voordat ze werden toegelaten.
Ik hoop dat je nu precies weet wat de bedoeling is en wat van je wordt gevraagd. Alvast veel succes met je voorbereiding toegewenst en dan maar tot ziens in Zwolle.

Piebe Bakker
dirigent N.J.K.

Middlesborough 1966

Wenen, 1973

Piebe Bakker marcheert trots met zijn jeugdkorps door de straten van Wenen.

NATIONAAL JEUGDKORPS VAN DE N.F.C.M.

Het Nationaal jeugdkorps is opgericht in 1959. De leden, welke moeten zijn aangesloten bij de N.F.C.M. komen uit alle provincies. Er wordt elke maand één dag gerepeteerd. Het korps staat sinds 1964 o.l.v. Piebe Bakker.
Hoogtepunten van hun optreden waren o.m. een concert in het kader van het Holland Festival; naast vele provinciale concerten werden diverse radioconcerten verzorgd.
In 1966 werd deelgenomen aan de muziekweek in Middlesborough (Engeland).

"JEUGD EN MUZIEK" IN WENEN 1973.

Op het festival voor "Jeugd en Muziek", hetwelk dit jaar werd gehouden van 30 juni t/m 15 juli, werd deelgenomen door 22 orkesten uit de volgende landen : 1 uit Oostenrijk; 14 uit Amerika; 1 uit West-Duitsland; 2 uit Oost-Duitsland; 1 uit Italie; 1 uit Tjecho-Slovakije en het jeugdkorps uit Nederland.
Het Nederlandse jeugdkorps werd in de concertwedstrijd, welke aan dit festival was verbonden, in de hoogste divisie als eerste geplaatst.
De jury bestond uit de heren C. O. Hunt - Canada; J. G. Doherty - Ierland; J. P. Paynter - U.S.A.; onder de algehele leiding van professor Dr. William Revelli uit Amerika - onder wiens leiding ook het gezamelijke openings- en sluitingsconcert werd gegeven op het plein van Schönbrunn en voor het prachtige stadhuis van Wenen.
De gewonnen bokaal werd aan de dirigent uitgereikt door de Bundesminister Dr. Rudolf Kirchschläger - terwijl de kritische verslagen hem door de Nederlandse attaché van kultuur werden overhandigd.
Het jeugdkorps heeft naast een radio optreden enkele concerten in Wenen verzorgd waaronder een concert in de tuin van de Nederlandse ambassade.
Tijdens een repetitie in het conservatorium van Wenen werd de dirigent Piebe Bakker een dirigeerstok aangeboden door professor Swarowsky - hoofdleraar orkestdirektie - voor zijn artistieke kwaliteiten.
De opnamen van deze plaat zijn door de O.R.F. gemaakt, life; de jury schreef hierover:

Dit korps heeft uitstekende klankkwaliteiten en speelt met zéér veel geestdrift. Over het geheel is het spel heel zeker. (C. O. Hunt - Canada).
De uiteindelijke waardering van dit ensemble is Superieur klasse I, hetgeen wel verdiend is; hun verrichtingen als geheel was beschaafd, nauwkeurig en waardig. (J. G. Doherty - Ierland).
Zowel dirigent als muzikanten van dit ensemble spelen met muzikale allure, zéér beheerst en met begrip voor stijl. Het spel heeft een diepe indruk op mij gemaakt en ik heb genoten van een kunstzinnige en boeiende uitvoering. (J. P. Paynter - U.S.A.)

In het septembernummer van het tijdschrift "**Österreichische Blasmusik**" stond het volgende artikel:
*Eine ganz grosze Besonderheit war das National Jugendmusikkorps der Niederländischen Föderation der Christlichen Musikvereine unter seinem meisterhaften Dirigenten Piebe Bakker. Die Erlesenheit der Darbietungen dieser "Fanfarenmusik" - sie spielt ohne Holzbläser - ist eine auszerordentliche, Tonkultur und musikalische Gestaltung sind einmalige Spitzenleistungen. Einmal im Monat wird in Zwolle ganztägig geprobt, und dazu kommen die 52 Burschen und Mädchen, zwischen 14 und 22 Jahren alt, aus allen Teilen des Landes und haben bis zu 200 km Fahrtweg.
Das Orchester besteht seit 13 Jahren, natürlich mit wechselnden Musikern, und wird von den Vereinen der genann'ten Föderation beschickt.
Sieben bis acht Konzerte im Jahr zeigen das Erreichte auf.
Gerade beim Konzert für den Rundfunk bot dieses Eliteorchester ein Spitzenprogramm allerersten Ranges, getragen von Piebe Bakkers überragender Musikerpersönlichkeit. Im musiklischer Hinsicht kann dieses Orchester wohl als das beste des gesamten Festivals angesprochen werden.*

In de Muziekbode werd altijd op een enthousiaste manier verslag gedaan van de tournees van het NJK. Vandaar dat we hierbij een selectie hebben gemaakt uit enkele reisverslagen. Veel oud leden zullen vast en zeker weer worden meegenomen naar deze lang vervlogen goede tijden.

Reisverslag van het tournee naar Kopenhagen in 1974, geschreven door G. Hondorp. Verschenen in de Muziekbodes van juli-augustus en oktober-november 1974.

Het jeugdkorps van de N.F.C.M. op de Deense tour

Zoals beloofd in de Muziekbode van juli/aug. volgen hier de memories van ons nationaal corps in Denemarken. Op maandag 15 juli was het 's morgens in Hengelo(O) al een drukte van belang, toen daar een gezelschap van 54 personen zich een plaatsje moest veroveren in de Scandinavien-expres. Ja, inderdaad veroveren, want hoewel we gereserveerde plaatsen hadden, bleken deze reeds bezet te zijn. Maar ,,der Deutche Wagenführer'' ging ,,pünktlich'' te werk, zodat we al rijdend over Duits grondgebied onze Nederlandse plaatsen spoedig hadden ingenomen. De Ferry-boot van Puttgarden naar Rodbyhavn bracht een welkome afwisseling in de lange eentonige treinreis, waaraan tegen achten 's avonds een eind kwam, toen we het Centraal Station in Kopenhagen binnenreden. Als je dan met zo'n heel gezelschap, plus persoonlijke bagage, plus instrumenten zit te wachten op vertegenwoordigers van het Youth Festival ,,People to People'', bemerk je pas, wat een organisatie er voor nodig is, om zo iets te realiseren. We werden samen met een folkloristische dansgroep uit Frankrijk, n.l. ,,Les Tambourinaires de Brignoles'' ingekwartierd in de ,,Sonderjijllandsskolen'', ergens in de buitenwijken van Kopenhagen. De ligging en accomodatie - er was hier zelfs een verwarmd zwembad onder - was goed, maar het verpakte ,,smorrebrot'', voor Denen misschien een delicatesse, lag onze leden wat zwaar op de maag. De leiding had niet over ruimte te klagen want elk echtpaar kreeg één schoollokaal toegewezen en ook voor de jongens en meisjes was het parool: "Neem uw beddeken op en ga maffen."
Wat is hier gerepeteerd! Elk lid zag de noodzaak hiervan in: wilde het N.J.C. het succes van Weenen herhalen, dan moest men zich wat opofferingen getroosten. Enorm, enorm! Ook hieruit proef je de mentaliteit die er heerst in dit select ensemble.
Dinsdag 16 juli - Openings-Ceremonie
Vanaf het prachtige ,,Rosenborg Castle'' vertrok de kleurrijke stoet naar het centrum van Kopenhagen, het Stadhuis-plein voor de plechtige opening van deze internationale Jeugdontmoeting.

Op woensdag 17 juli was er 's morgens een repetitie in de studio van de Deense Radio omroep en 's middags een Sight-seeing door de mooiste gedeelten van Kopenhagen. 's Avonds maakten we een vergeefse tocht naar het ,,Israels-plein'' waar we een concert zouden moeten geven, maar het comité had vergeten dat we ook nog moesten zitten. Wel zagen we hier dezelfde dranksymptonen als in Nederlandse havenkwartieren en vonden het helemaal niet zo erg deze verslaafden uit de slaap te moeten spelen.
Donderdag 18 juni, de dag van de waarheid. "Zouden we 't weer fiksen?" De spanning voel je om je heen. Instrumenten worden nog eens extra geknuffeld, Partijen worden voor de laatste keer nog even nagekeken en dan gaat het er op los. De ,,Tivoli-Concert Hall'' is aardig bezet als het N.J.C. plaats heeft genomen op het ruime podium en de heren Robert Swansö - Erik Akerval en Werner Meyer als jury-leden in de ere-loge. Dan klinken daar de eerste bevrijdende accoorden van een geestelijke hymne en Piebe Bakker weet z'n leden te inspireren, zich te geven tot het uiterste. Is het dan een wonder, dat de jury z'n bijval betuigt door telkens te applaudiseren? Dit is de beste afvaardiging van de Ned. Amateuristische Muziekwereld, de oogappel van de Ned. Federatie van Chr. Muziekbonden.
Als dan op vrijdag 19 juli de uitslag bekend wordt gemaakt, ontlaadt zich de ondraaglijke spanning in een enorme feestvreugde en zien velen, net als vorig jaar in Weenen de Donau, nu de Sont van Kopenhagen een beetje blauwer dan anders. Ook het Tivoli-Park, waar ieder gratis entree heeft, is een dankbaar centrum, om de hoogste onderscheiding nog eens even te vieren. Een hoge eer valt ons te beurt, als we voor een uitverkocht ,,Falkoner Centret'' een gala-concert mogen verzorgen. Ook hier een enthousiast publiek, die de ene toegift na de andere weet te bewerkstelligen. De Deense radio maakte hier opnamen van die samen met een interview over dit N.J.C., in oktober uitgezonden zullen worden. Op zaterdagavond 20 juli is in het grote ,,Osterbro Stadion'' de sluitings ceremonie van dit Jeugdfestival. Wat een feest van klank en kleur, en dan te weten: tussen al die jeugdgroepen uit India, Roemenie, Engeland, Italie, Israël enz. de winnende groep van de N.F.C.M. uit dat kleine landje dat ook hier zo groot mocht zijn!

G. Hondorp

Het jeugdkorps van de N.F.C.M. in het Sprookjesland van Andersen

(21 t/m 28 juli 1974)

Vol verwachting wat ons de tweede week zou brengen stapten we in de bus, die ons naar de geboorteplaats van Andersen n.l. Odense zou brengen. Wat een geweldadige teleurstelling was het voor ons, toen we na een vrij goede accomodatie in Kopenhagen, hier in een afgekeurde school terecht kwamen. Onze dirigent moest hier zelfs genoegen nemen met een opbergruimte als slaapkamer. En om 's morgens de douchende Eva's niet al te veel te laten schrikken, zat er voor hem niets anders op dan de verlossende buitenlucht op te zoeken via een buitenraam. Omgekeerd evenredig met deze huisvestingstoestanden was de hartelijkheid en de begeleiding van het kleine committee in Odense en met name in de persoon Mogens Julstrom. Alles hebben zij er aan gedaan om ons verblijf op het eiland Fünen onvergetelijk voor ons te maken.

Om de slechte sanitaire toestanden te compenseren konden we elke dag een gratis bezoek brengen aan de sauna en het overdekte zwembad. Heerlijk om je gaar te stomen en dan net voor het kookpunt het zwemwater in te duiken om je weer te laten afkoelen.

Van de repetitie-ruimte, een oud gym. lokaal werd elke dag gebruik gemaakt. Het concert in Musis Sacrem voor een uitgelezen internationaal gezelschap was het tweede doel om elke dag maar weer keihard er tegen aan te gaan.

Ook hieruit proefde je de sfeer, de goede geest van dit uitgelezen gezelschap. Nooit werd er één onvertogen woord gezegd, nimmer gemopperd als Bakker zijn discipline opriep tot culturele conversatie. Hulde – hulde voor dit stel amateurs van de bovenste plank!

Op dinsdag 23 juli werd ons een sight-seeing aangeboden door het committee ,,People to People'' en natuurlijk staat dan een bezoek aan het geboortehuis van de grote sprookjescomponist H. C. Andersen bovenaan. Het weer werkte gelukkig mee toen we daarna een bezoek brachten aan het Openlucht Museum ,,de Fynske Landsby''. De klap op de vuurpijl kwam in ,,het Tivolie van Odense'', toen dirigent en ega van de manager met een rotgang de achtbaan kwamen afgeraced. Fijn, dat ook zo'n moment d.m.v. foto's en dia's is vereeuwigd.

We kennen hier te lande heel wat grote supermarkten, maar het zijn kruidenierswinkeltjes vergeleken met b.v. het ,,Rosengaard-Centret'' even buiten Odense, waar het jeugdkorps temidden van prachtige waterpartijen, twee maal over een concert mocht verzorgen op de woensdagmiddag 24 juli. En meneer Van Hezel maar colporteren met de ,,Wachttoren''. Toch wierp dit sjaggerein vruchten af voor de kas van de penningmeester. Bedankt collega Van Hezel!

In het vorige nummer hebt u een foto gezien van het openlucht concert voor het stadhuis van Odense. Wat een mensen bleven maar geboeid staan luisteren naar dit populaire concert, maar ook verslaggevers van Deense dagbladen die vol lof schreven over de prestaties van dit orkest.

Vrijdagmiddag speelden we in een ander winkel-centrum n.l. het ,,Vollsmore-Centret'' en ook hier weer hetzelfde enthousiaste publiek.

Het sluitstuk van deze concerten was wel het gezamenlijk optreden met een Roemeens folkloristisch gezelschap in de grote plaats Nyborg op zaterdag 27 juli. Terecht kon de burgemeester van deze stad dan ook na afloop opmerken: ,,Heel veel culturele festiviteiten hebben we hier binnen de stadspoorten gehad, maar deze ontmoeting Oost-West is maar éénmalig. Hier dus ook weer: people to people, door muziek tot eenheid!''

Deze verbroedering zette zich geheel door tijdens het afscheidsfeest in het ,,Fyens Forums'' aangeboden door het gemeentebestuur van Odense.

Tijdens deze gelegenheid sprak de burgemeester van Odense o.a. de volgende woorden:

Jullie zijn goede ambassadeurs van jullie land en jullie hebben geweldige resultaten bereikt. Door middel van inspirerende muziek en vrolijke dansen hebben jullie voor ons onvergetelijke voorstellingen gegeven. Ik heb het enorme enthousiasme gezien van onze mensen over jullie optreden dat hartveroverend was. Als burgemeester van deze stad moet ik zeggen:

,,We hebben ons overgegeven – jullie zijn onze vrienden . . . .

Om tenslotte te eindigen:

Dank, hartelijk dank voor jullie schitterende concerten, die nog heel lang ons zullen bijblijven. Neem met jullie mee naar huis de allerbeste wensen uit Odense.''

Tenslotte nog een woord van dank aan het adres van CRM en het Prins Bernhardfonds, die ons de onontbeerlijke subsidie hebben geschonken om deze trip te kunnen verwezenlijken.

Veel, onnoemelijk veel zijn we verschuldigd aan het adres van onze dirigent. Piebe, namens de NFCM en de leden van jouw orkest: hartelijk dank voor jouw ontspanning en goede geest om dit orkest te maken tot één der top-orkesten in Nederland!

EG. Hondorp.

Nationaal Jeugdkorps in België

**Het Nationaal Jeugdkorps van de NFCM heeft eind juni een concertreis gemaakt naar België. Mede dankzij de financiële ondersteuning van het Prins Bernardfonds kon deze tournee gemaakt worden.
Het Jeugdkorps speelde op diverse plaatsen in en rond de stad Brugge in Belgisch West-Vlaanderen. Olivia Geerolf, balletlerares aan het conservatorium van Brugge had ervoor gezorgd dat het jeugdkorps de mogelijkheid geboden werd naar België te komen en natuurlijk was Olivia zelf dan ook van de partij tijdens het bezoek.**

Olivia Geerolf (ook choreografe) zat samen met Piebe Bakker in de jury tijdens het laatstgehouden WMC in Kerkrade. Daar leerden de dirigent van het jeugdkorps en de balletlerares elkaar kennen en daar vloeiden verdere contacten uit voort met als resultaat dat de balletgroep van Olivia Geerolf tijdens het Friesk Festival, de Friese Balletsuite van Jan de Haan uitvoerde in een choreografische bewerking van Olivia Geerolf.

De echtgenoot van Olivia, Hetwich Swimberghen is solo-klarinettist van het Vlaams Radio-orkest van de BRT, tevens leraar aan het conservatorium van Brugge. Het spreekt van zelf dat vertegenwoordigers van deze (genoemde) categorieën der muze, tot een gezamenlijke prestatie kunnen komen. Dat is dan ook tijdens de tournee van het jeugdkorps herhaaldelijk gebeurd.

Samen met de balletgroep van Olivia Geerloff trad het jeugdkorps op in sporthal "Tempelhof". Verder verzorgde ons korps pleinconcerten, de muzikale opluistering bij de opening van een promenade en de onthulling van een beeldje ook. Hier en daar moest er gevlucht worden naar gebouwen als tijdens een buitenconcert een plensbui neerkwam. Maar met het improvisatietalent van de Belgen en de goede teamgeest van de Nederlanders leverde dat nergens problemen op. Overal bewondering voor de prestaties van het jeugdkorps onder leiding van Piebe Bakker.
In De Haan (badplaats) luisterde een stampvolle zaal naar het orkest. Minder publiek maar even enthousiast in St. Allouis-Toinkel" waar het jeugdorkest op uitnodiging van jeugdharmonie "Piccolo" van die plaats en de Belgische muziekorganisatie "Federkam" was.

In het Media-center in Oostende trad het jeugdorkest weer samen met de balletgroep op. De directeur van het Boudewijnpark, waar geconcerteerd werd, was zo tevreden over het korps, dat hij direct een contract wou opstellen voor volgende optredens.
Tussen al die concerten ontvangsten en optredens door hadden de leden van het jeugdkorps gelukkig ook tijd om iets te zien van het prachtige Brugge. Leden van de balletgroep maakten zich verdienstelijk als gids. Ook het prachtige stadhuis van Brugge werd bekeken, zelfs van binnen tijdens een ontvangst door de Schepen van Cultuur. (Belgische plaatsen hebben "Schout en Schepenen" in plaats van een college van Burgemeester en Wethouders).
De leden van het jeugdkorps verbleven in de hotelschool "Spermalie" in Brugge. De laatste avond werd er niet gespeeld maar gesproken. Over en weer werden dankwoorden uitgesproken vergezeld van cadeaus. Het jeugdkorps heeft een goede indruk achtergelaten en men mag stellen dat het een fantastisch tournee is geweest.

A. Neuteboom.

Bij zijn 15 jarig jubileum als dirigent van het NJK kreeg hij een zelfportret cadeau.

Na ieder tournee werd er een LP uitgebracht.
Zo verschenen er in totaal een zestal LP's en een CD.

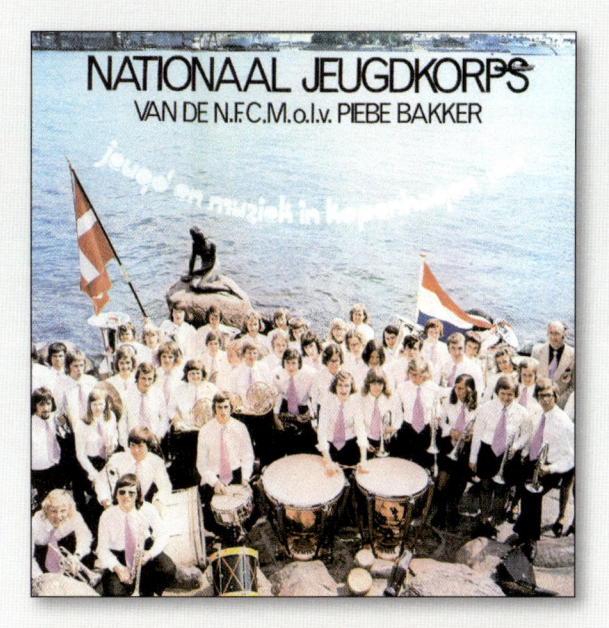

Na vijfentwintig jaar de leiding hebben gehad, concludeerde Piebe Bakker dat veel van de leden van het orkest later van de muziek hun beroep hadden gemaakt. Dit was wel een beetje merkwaardig want de muziek in gaan behoorde nu niet direct tot de eisen van de auditie. Hij zei dat het wel leek alsof de ene de andere aanvuurde om het vak in te gaan. Zo kwam hij ze later weer tegen in de beroepsmatige sfeer als muziekdocent aan een conservatorium of muziekschool of als muzikant in een van de symfonie of militaire orkesten. Het leek wel alsof het Nationaal Jeugdkorps een kweekvijver voor beroepsmuzikanten was. Er gebeurde in die vijfentwintig jaar wel eens wat. Hieronder volgt een klein voorbeeld.

Piebe Bakker: *'Tijdens de dirigentendagen werden er vaak nieuwe composities gespeeld. Meestal nodigde ik dan een componist uit die tijdens zo'n dag wat kwam vertellen over zijn nieuwe werk en dit dan vervolgens mocht dirigeren met het Nationaal Jeugdkorps. Zo zijn er verschillende componisten mee het land in geweest wat voor hen interessant was en bovendien was het een leerzame ervaring. Maar er werd natuurlijk wel eens het een en ander door de jeugd uitgehaald, met het Nationaal Jeugdkorps moest je altijd op scherp staan en je als dirigent goed voorbereiden! Zo kon bijvoorbeeld een componist die niet zo'n goede dirigent was, dat meteen maar toegeven, want anders zou hij meteen in de problemen komen. De leden hadden dat zomaar door en namen dan de dirigent dan bijvoorbeeld in tempo alle kanten mee uit. Als een componist wat sportief was en zei dat hij eigenlijk helemaal niet zo'n goeie dirigent was en tijdens het concert het vertrouwen in het orkest vestigde, dan zouden er zich geen problemen voordoen. Dan kon je lezen en schrijven met het orkest. Toch bleef het altijd oppassen met deze jongelui…..'.*

Niet alleen de componisten wisten hun weg te vinden naar het Nationaal Jeugdkorps. Ook beroepsinstrumentalisten en zangers wilden graag hun steentje bijdragen aan concerten. Zo heeft het Nationaal Jeugdkorps concerten gegeven met onder andere:

*Jacob Slagter, hoornist van het Koninklijk Concertgebouworkest
*Frank van der Poel, trompettist (high blower) van de Marinierskapel
*Albert de Klerk, organist van de Sint Bavo kerk in Haarlem
*Hedwich Swimbergen, klarinettist van het BRT (Belgische Radio en Televisie) orkest.
* Marco Bakker, bariton- operettezanger.
* Eke Witteveen, sopraanzangeres.

Bij de 'Charmonie' optredens voor de N.C.R.V. is er onder meer samengewerkt met de popgroep B.Z.N. en een balletgroep uit Brugge o.l.v. Olivia Geerolf.
De hoogtepunten uit de carrière met het Nationaal Jeugdkorps waren volgens Piebe Bakker:
* Een optreden in het kader van het 'Holland Festival' in Scheveningen.

* Optreden tijdens het W.M.C. in Kerkrade en tijdens de Purmerade in Purmerend.

Op 1 juli 1989 nam Piebe Bakker officieel afscheid van het Nationaal Jeugd Fanfare Orkest. Terugkijkend op die tijd kon hij alleen maar zeggen dat hij het prachtig heeft gevonden om dat korps te dirigeren. Hij was er ook altijd erg trots op te zien dat zoveel van de oud-leden ervoor kozen om het vak in te gaan. Om zijn afscheid luister bij te zetten werd er een reünistenorkest gevormd en een concert gegeven in de Lawei te Drachten. Men had deze dag ook uitgekozen om Piebe Bakker tot 'Ridder in de Orde van Oranje Nassau' te benoemen. Als afscheidscadeau zou er nog een concerttournee naar Amerika volgen.

Geridderd in de orde van Oranje Nassau

Piebe Bakker neemt afscheid van 'zijn' jeugdkorps

Op zaterdag 1 juli j.l. nam dirigent Piebe Bakker afscheid van "zijn" Nationaal Jeugd Fanfare Orkest tijdens een groots opgezet concert in De Lawei te Drachten. Ruim 500 belangstellenden waren getuige van deze, door de SAMO Nederland georganiseerde, slotmanifestatie die bestond uit een concertgedeelte dat voor de pauze verzorgd werd door het NJFO en na de pauze door een speciaal voor deze gelegenheid samengesteld reünistenorkest van oud jeugdkorpsleden. Tijdens het concert werd Piebe Bakker een koninklijke onderscheiding uitgereikt door de wethouder van de gemeente Littenseradeel, mevr. Folkerts, die hem ridderde in de orde van Oranje Nassau.

Na afloop van het concert werden tijdens de druk bezochte receptie in de foyer van De Lawei lovende en waarderende woorden gericht aan het adres van Bakker, door vertegenwoordigers van diverse muziekorganisaties.

Na 25 jaar de dirigeerstok bij het NJFO te hebben gehanteerd, heeft Bakker besloten een punt te zetten achter zijn indrukwekkende loopbaan als dirigent bij het Nationaal Jeugdorkest. Het jeugdkorps, opgericht in 1959 stond de eerste jaren onder leiding van de heer Peet van Bruggen, de latere dirigent van de J.W.F. kapel te Assen. In 1964 nam Piebe Bakker de dirigeerstok van hem over en leidde het jeugdorkest naar een kwalitatief uitstekend ensemble dat vergeleken kan worden met de beste fanfare-orkesten in Nederland. Echter, niet alleen binnen de eigen grenzen, maar ook daarbuiten wordt het jeugdkorps geroemd om de kwaliteit. Het orkest maakte o.l.v. Piebe Bakker concertreizen naar onder meer Engeland, Oostenrijk, Zweden en Noorwegen. Deze zomer (van 26 juli t/m 9 augustus) maakt het NJFO met Bakker nog een trip door de Verenigde Staten. Er zijn concerten gepland in o.a. Detroit, Grand Rapids, Portage en Chicago.

Piebe Bakker, kortgeleden 60 jaar geworden en daarom gebruik kan maken van de VUT-regeling, vindt dit een goed moment om te stoppen. Bakker: "Ik kan dat moment nu zelf nog bepalen; het mag niet zo zijn dat anderen dat moment gaan bepalen". Andere overwegingen om te stoppen hebben meer te maken met de veranderingen binnen het jeugdkorps zelf. In het verleden opereerde het jeugdkorps onder auspiciën van de NFCM, doch sinds kort resorteert het fanfare-orkest onder de SAMO Nederland. Deze wisseling heeft nogal wat invloed gehad op het functioneren van het orkest. Zeker wanneer het gaat om de repertoirekeuze. "Iedereen die me een beetje kent, weet dat ik zelf graag bepaal wat een orkest moet spelen en dat niet van hogerhand bepaald kan worden wat het orkest moet gaan spelen. De artistieke verantwoordelijkheid hoort bij de dirigent te liggen". Ook qua aannamebeleid ziet Bakker een verschuiving optreden: "Vroeger werden de beste muzikanten gekozen uit de orkesten in het land; nu komt het accent meer te liggen op een instroom vanuit de Conservatoriumstudenten". Deze verschuivingen hebben een direkte invloed op het functioneren van het orkest en hebben daarmee de beslissing gestuurd om op dit moment de dirigeerstok over te dragen aan een opvolger.

Bakker, altijd zeer betrokken en verbonden geweest met de amateurmuziekwereld ziet het orkest niet meer als een afspiegeling van wat een goed amateur-orkest kan presteren. En dat was en is juist Bakker's sterkste punt: het stimuleren en motiveren van de amateurmuzikanten. De uitstraling, de inspiratie en het enthousiasme waarmee Bakker, als geen ander, de muzikanten tot grote prestaties kon brengen, hebben ertoe bijgedragen dat het niveau van de amateurmuziek enorm is gestegen. Reeds vanaf zijn opleiding bij Gerard Boedijn en later aan het Conservatorium in Zwolle was Bakker bezield van de idee het peil van de amateurmuziek te verhogen. Samen met andere collega's - vroeger Sierd de Boer, Bram Feenstra en Klaas Doekes Anema, later onder meer Henk van Lijnschoten - werden allerlei aktiviteiten georganiseerd om de amateurmuziek te promoten. Door het hele land werden play-inn's georganiseerd en startte Bakker op verschillende plaatsen dirigentencursussen. Ook was hij de grote stimulator achter de Nederlandse componisten repertoire te schrijven voor de fanfare-orkesten. Het door Bakker samengestelde programma van het concert in Drachten was dan ook bedoeld als een kleine bloemlezing van werken van Nederlandse componisten.

Hoewel de invloed van Piebe Bakker op de amateur blaasmuziekwereld nooit absoluut meetbaar is, kan niemand erom heen dat die invloed van groot belang is geweest. Op zijn geheel eigen, misschien zelfs eigenzinnige, wijze heeft hij zich al die jaren ingespannen voor de hafabra muziek en mede door zijn toedoen is het peil daarvan enorm gestegen. Het was dan ook zeer verdiend dat de SAMO Nederland voor deze man met dit orkest, een groots opgezet afscheidsconcert organiseerde in De Lawei te Drachten.

Afscheidsconcert
Een speciaal daarvoor ingestelde voorbereidingsgroep stippelde een lijn uit waarin twee elementen duidelijk naar voren moesten komen. Ten eerste was dat het NJFO met Piebe Bakker zelf, maar daarnaast werd een groot reünisten-orkest samengesteld om een gedeelte van het concert te verzorgen. Het bijeenbrengen van vele oudjeugdkorpsleden - en het waren er heel wat - werd gezien als een afscheidscadeau in natura.

's Ochtends vanaf een uur of tien druppelden de eerste muzikanten De Lawei binnen. Het ontmoeten van oude bekenden en het ophalen van herinneringen gaf een gezellige sfeer die deed denken aan de in de voorbijgegane jaren meegemaakte repetitieweekenden in IJsselstein bij Zwolle. Vanaf 10.30 uur werd er onder leiding van dirigent Jaap Koops (inspecteur der militaire muziek in de rang van overste) fanatiek gerepeteerd in de voorspeelzaal van de muziekschool "De Meldy" die grenst aan De Lawei. Op hetzelfde moment was Piebe Bakker op het podium van de concertzaal in De Lawei al druk in de weer met de laatste voorbereidingen van zijn aandeel in het programma met het NJFO.

Om 16.00 uur gaat het doek op: een prachtig met vlaggen, bloemen en lichteffecten versierd podium met daarop een grote groep jonge muzikanten, samen het NJFO vormend. Fons Disch, direkteur van SAMO Nederland, opent deze manifestatie door de ongeveer 500 belangstellenden welkom te heten. Dan, onder een daverend applaus en luid gejuich, betreedt Bakker het podium. Met zijn karakteristieke dirigeerbewegingen leidt hij het orkest in het openingswerk: "Peace of life" van Piet Stalmeijer. Indrukwekkend worden in deze, welhaast emotionele, opening, alle secties van het orkest voorgesteld. De inspirerende en suggestieve houding laat het nog eenmaal zien: dit is Piebe Bakker.

Het tweede programma-onderdeel is een driedelige compositie van Kees Vlak, met als titel Liberation. In de contrasterende delen laat Bakker de mogelijkheden van het orkest naar voren komen. Wat daarbij opvalt is de homogeniteit binnen het orkest en het ogenschijnlijk grote gemak waarmee hij dit orkest in de snelle en ritmische passages in de hand weet te houden en zo de uitstraling van totale beheersing weet te bewerkstelligen.

Als hommage aan Piebe Bakker schreef de componist Jacob de Haan speciaal voor dit afscheidsconcert zijn compositie "Oregon". Het werk vertelt het verhaal van "Oregon", één van de noordwestelijke staten van Amerika. Aan de hand van een treinreis wordt de luisteraar meegevoerd door het boeiende landschap van Oregon waarbij cowboys, goudzoekers en paarden met huifkarren de revue passeren. De uitvoering (wereldpremière) door het NJFO was zonder meer treffend en boeiend.

Het hoogtepunt van het concert werd wat mij betreft gevormd door de uitvoering van de "Rhapsody for trombone" van Gordon Langford, met als solist trombonist Jilt Jansma. Ogenschijnlijk moeiteloos en met een zeer muzikale benadering voerde hij deze niet eenvoudig solo uit: een solist van kaliber waaraan je kunt zien dat hij ervaring heeft opgedaan in de professionele muziekwereld. Vooral in cadens-achtige gedeelte van de compositie, waarin de solist sumier wordt begeleid door de slagwerkers, liet Jansma zijn kunnen horen. Technieken zoals spelen en zingen tegelijktijdig, liptrillers en aan het eind de circular breathing (om zeer lange tonen te kunnen spelen) oogstten bij het publiek veel waardering. De correcte begeleiding van het fanfare-orkest droeg in niet geringe mate bij tot deze fantastische uitvoering die door het ademloos luisterende publiek, zeer verdiend werd beloond met een staande ovatie.

Een andere solist was de bugeliste Betty Bakker. Zij speelde het door Ted Huggens geschreven "Concerto for pleasure". Een compositie waarin een mengeling van stijlen en genres is verwerkt. Het ene moment een "Arban-achtig" en virtuoos karakter, afgewisseld met lichte amusementsmuziek, het andere moment flarden van jazz invloeden zoals de blues.

Het kwam op mij een beetje vreemd over: een groot fanfare orkest, met solist, in zwart/wit uniform dit soort amusementsmuziek zo serieus en haast stijfjes te zien en horen spelen. In de bloemlezing van werken van Nederlandse componisten (de Rapshody van Langford was een vreemde eend in de bijt) is de Dutch Ouverture van Willy Hautvast niet de sterkste compositie. Een kort en ongecompliceerd werkje waarin een aantal Nederlandse volksliedjes is verwerkt. Ondanks een zeer acceptabele uitvoering door het jeugdorkest stond ik, met de klanken van Jilt Jansma nog in mijn geheugen, weer met beide benen op de grond.

Gosling Veldema, solist op xylofoon en vibrafoon in de compositie "Nutty Woods" van Harry Robin, voerde het publiek even mee in de dertiger jaren.

Koninklijke onderscheiding
Na afloop van het concertgedeelte voor de pauze werd Piebe Bakker teruggeroepen op het podium door de wethouder van Littenseradeel, mevr.

Piebe Bakker:

'Bij mijn afscheid in 1989 werd er een reunistenorkest gevormd van jeugdkorpsleden uit verschillende jaren, dat voor het meerendeel bestond uit beroepsmuzikanten. Toen ik van te voren even in de toiletruimte was, hoorde ik een trompettist van het Metropoolorkest zeggen: 'Nou ben ik benieuwd of hij straks ook weer met een toonladder begint'. Ik dacht: 'Ja jongens, jullie gaan straks weer voor de bijl', en ik begon, zoals voorheen altijd gebruikelijk was met de toonladder van Des klinkend! Nou, er ging een gejuich op, maar ze deden het wel!!

Folkerts. Zij kwam namens burgemeester Oldenziel om Piebe Bakker te ridderen in de Orde van Oranje Nassau. In haar speech memoreerde zij de verdiensten van Bakker: "Van 1948 tot 1977, dus bijna 30 jaar lang, heeft hij de dirigeerstok gehanteerd voor 10 muziekverenigingen, voornamelijk in de Zuid-Westhoek van Friesland. Ik wil deze periode da capo ad finitum samenvatten in één zin: dankzij Piebe Bakker ging het met Advendo en Concordia steeds Excelsior, blies hij Hallelujah en Marlûd Nij Libben in en tenslotte ging het in Harmonie met Euphonia en met de brassband van de noordelijke vestiging van een gloeilampenfabriek uit het zuiden zelfs Crescendo".
Na het opspelden van de versierselen speelde het Jeugdkorps onder leiding van Wim Timmer het Wilhelmus.

Reünistenorkest
Het speciaal voor deze gelegenheid samengesteld reünistenorkest, bestaande uit oud-leden van het Nationaal Jeugdorkest, was bedoeld als een "kado in natura" voor Piebe Bakker. Ongeveer 90 muzikanten zaten op het podium om onder leiding van overste Jaap Koops een aantal werken uit te vgoeren. Wat meteen al in de openingsmars "Old soldiers never die" al opviel, was het enthousiasme waarmee gemusiceerd werd. Zowel publiek als ook de muzikanten genoten zichtbaar en hoorbaar van het feit dat zoveel oud jeugdkorpsleden verenigd in dit orkest op het podium zaten te musiceren.
Om op een hoog niveau te musiceren was de repetitietijd te kort geweest en was het orkest te massaal, echter de sfeer die van dit orkest uitstraalde was die van het pure en natuurlijke musiceren. De uitvoering van de "New Baroque suite" van Ted Huggens, inclusief de solistische bijdragen, werd dan ook met luid gejuich beloond.

"Somewhere" uit de West Side Story werd terecht opgedragen aan de altijd actieve manager achter het NJFO, dhr. Wim Timmer en aan zijn vrouw Ans die hem zo vaak tot diep in de nacht moet missen. Het slotwerk van dit afscheidsconcert - de mars "Gammatique" van Gerard Boedijn - kon uiteraard door niemand minder dan Piebe Bakker gedirigeerd worden. Nog eenmaal hanteerde hij op onnavolgbare wijze de dirigeerstok voor een orkest bestaande uit "zijn" muzikanten. Muzikanten die allen, op welke manier dan ook, beïnvloed en sommigen zelfs gevormd zijn geworden door deze dirigent.
De werkzaamheden van Piebe Bakker als musicus, dirigent, directeur van twee muziekscholen, pedagoog, jurylid, bestuurder, organisator en adviseur hebben op nationaal en internationaal niveau, hun sporen nagelaten en zullen ook in de toekomst hun uitwerking niet missen.

Receptie
Na afloop van het concert recipieerde Piebe Bakker in de foyer van De Lawei. Velen maakten van deze gelegenheid gebruik op een persoonlijke wijze Piebe Bakker toe te spreken. Vertegenwoordigers van diverse muziekorganisaties voerden het woord en richtten lovende, waarderende en zo hier en daar ook kritische woorden aan het adres van Bakker. Echter de overvloed aan cadeaus maakte zeer duidelijk in welke mate de werkzaamheden van "de man, dy't de muzyk út de blazers slacht" worden gewaardeerd.

Anne van der Sluis

Bij zijn afscheid in 1989 kreeg hij een mooie aquarel aangeboden. De voorstelling is: 'Piebe Bakker dirigeert het NJFO'.

Nationaal Jeugd Fanfare Orkest
Dutch National Youth Band

USA-Tour 1989

Reisverslag

Van woensdag 26 juli tot en met donderdag 10 augustus 1989 heeft de concerttour van het Nationaal Jeugd Fanfare Orkest, onder leiding van Piebe Bakker, plaatsgevonden.
In 16 dagen werden 7 verschillende Amerikaanse steden aangedaan en werden er in totaal 10 concerten gegeven. De eerste plaats die werd bezocht was Interlochen in het Noordwesten van Michigan. Het Interlochen Center for the Arts is bekend in de gehele Verenigde Staten en jaarlijks komen er vanuit de hele wereld jongelui studeren (vorig seizoen uit 27 verschillende landen, dit jaar uit 30). Het Interlochen National Music Camp is niet alleen een muziekkamp maar ook een manier van leven. Alles draait van 's morgens vroeg tot 's avonds laat om de muziek. Er heerst een strenge discipline die onder andere tot uiting komt in de kleding die men draagt. Aan de kleur van de kousen kan men opmaken waar iemand staat op de hiërarchische ladder.
Vaak wordt er door jonge mensen op heel erg hoog niveau gemusiceerd. Het programma van het twee-en-zestigste National Music Camp omvatte dit jaar na het „Nationaal Jeugd Fanfare Orkest", groepen als „Emmylou Harris", „The Boston Pops", „Esplanada Orchestra", o.l.v. John Williams, „Philip Glass and the Philip Glass Ensemble" en „The United States Army Band".
Voorwaar een gevarieerd programma. Het was voor het „N.J.F.O." dan ook een bijzondere eer om hier te mogen spelen.
Het concert vond plaats in het 6000 stoelen tellende „Kresge Auditorium" om 20.00 uur. Er was een goede publieke belangstelling.
Met name de studenten waren in grote getale naar dit openluchttheater gekomen. Het „N.J.F.O." gaf een avondvullend concert dat door het publiek goed werd ontvangen. Vooral de typische „Fanfare Sound" deed menigeen versteld staan. Een dergelijke bezetting is onbekend in de V.S. en als zodanig ontlokte het geluid van het „N.J.F.O." veel vragen.
Het TV-station ABC heeft in haar directe nieuwsuitzending aandacht besteed aan het „N.J.F.O.". De consul der Nederlanden uit Detroit, de heer P. van den Muysenberg, was met een gezelschap aanwezig.

Naast het concert werden de leden van het orkest in de gelegenheid gesteld om lessen en workshops bij te wonen. Gedurende ca. anderhalve dag werd daar intensief gebruik van gemaakt.
Er was ook tijd voor de nodige ontspanning. Zo werd het gezelschap na de uitvoering een barbecue aangeboden. De voorzieningen in Interlochen waren goed. De omgeving zonder meer prachtig. Het verblijf in Interlochen werd besloten met een rondleiding door het kamp.
Op vrijdag 28 juli vertrok het gezelschap naar Grand Rapids. 's Zaterdags vond hier de Dutch Heritage Day plaats. In Grand Rapids en omgeving wonen veel Nederlanders en oud-Nederlanders. De grootste vereniging van immigranten, de „Dutch International Society" organiseerde ter ere van het „N.J.F.O." op 29 juli haar Dutch Heritage Day. Gedurende die dagen werden er drie concerten van ongeveer 35 minuten gegeven op een podium tegenover het Gerald R. Ford Museum. De publieke belangstelling was mede door het goede weer erg groot. Namens het Koninkrijk gaf hier de Consul Generaal uit Chicago, de heer J. Ramond, acte de présence.
Maandag 31 juli vertrok het orkest naar Portage. De ontvangst was hier overweldigend. Net zoals de voorgaande dagen werd er overdag eerst gerepeteerd en vond er 's avonds een concert plaats. Deze keer vond de uitvoering plaats in een zogenaamde Band-Shell. Dit openlucht-podium was nog geen jaar oud en bevond zich midden in een park. Onder een indrukwekkende publieke belangstelling speelde het orkest hier haar mooiste concert.
Later bleek dat er maar liefst 2.800 mensen naar het „N.J.F.O." hadden geluisterd. Ook hier was weer volop belangstelling van de TV. De stations ABC en NBC maakten hier opnamen.

Het „Nationaal Jeugd Fanfare Orkest" voor de laatste maal o.l.v. Piebe Bakker op tournee

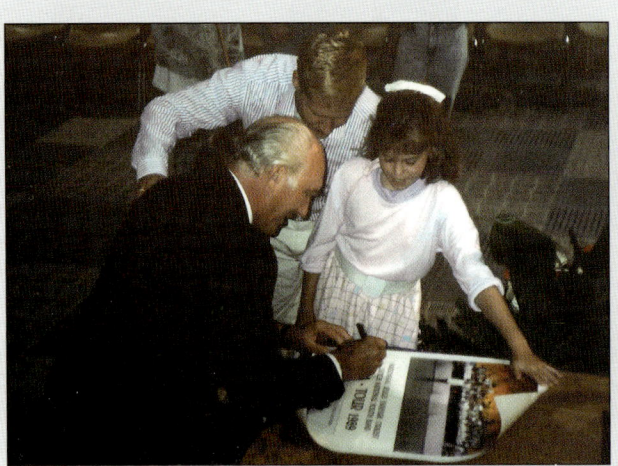

Natuurlijk werden er in Amerika ook de nodige handtekeningen uitgedeeld.

Na afloop van een van de laatste concerten in Amerika.

Het Fries Jeugd Harmonieorkest (1990-1995)

Na 1989 kon hij er nog geen genoeg van krijgen en richtte in samenwerking met de SAMO het Fries Jeugd Harmonieorkest op. Aanvankelijk was het Piebe's bedoeling om er een Fries topharmonieorkest van te maken; dit om het harmonieorkest in Friesland te promoten, een orkesttype dat in Friesland maar dun gezaaid was in verhouding met de vele fanfares en brassbands. Maar door de samenloop van omstandigheden pakte dit plan anders uit dan verwacht. De Friese provincie (via de provinciale SAMO) kwam het orkest financieel niet voldoende tegemoet, waardoor er een onvoldoende aantal repetities kon worden gehouden. De leden waren altijd heel enthousiast, maar er waren jaarlijks wel teveel wisselingen in de bezetting, zodat er van de vaste kern te weinig overbleef om het hoge niveau te kunnen handhaven. Het verwachte topniveau kon zo niet worden bereikt; er zat te weinig voortgang in zodat het orkest niet toekwam aan het moeilijkere repertoire voor harmonieorkest. Voor Piebe was het niet meer interessant genoeg om er mee door te gaan en hij besloot in 1995 na vijf jaar om er een punt achter te zetten. Het orkest werd overgedragen aan Tseard Verbeek. Deze was zelf leraar aan de muziekschool en dirigent van meerdere orkesten zodat hij meer dan Piebe Bakker, die inmiddels al wat aan het afbouwen was, de link kon leggen tussen orkest en muzikanten. Toch beleefde dit prachtige orkest onder leiding van Piebe Bakker enkele mooie successen, onder andere in het buitenland, waaraan de oud-leden leuke herinneringen zullen overgehouden hebben. Piebe heeft dit orkest op de rails gezet en daarvan zien we tegenwoordig, onder leiding van Tseard Verbeek, het resultaat.

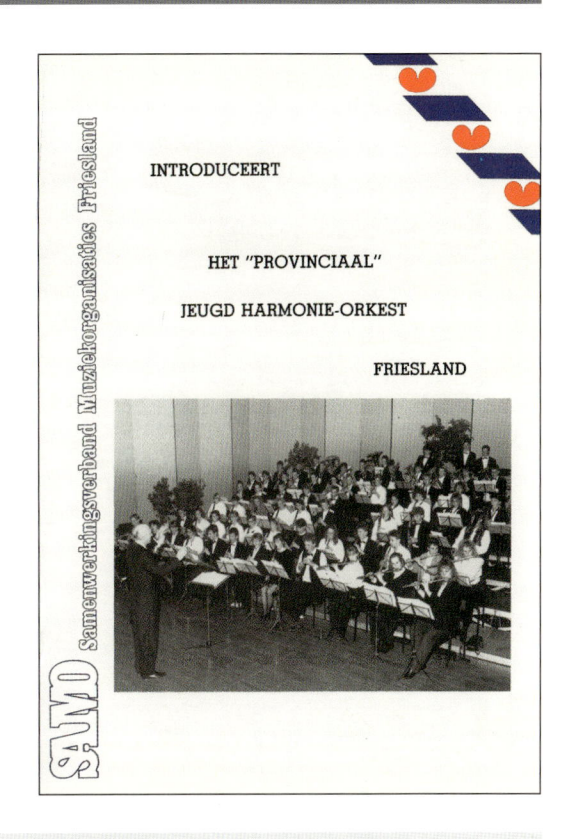

Jeugdharmonieorkest in Sneek van start

SNEEK - De Friese korpsen, aangesloten bij de Koninklijke Nederlandse Federatie van Muziekverenigingen, de Nederlandse Federatie van Christelijke Muziekbonden, de Algemene Nederlandse Unie van Muziekverenigingen, verenigd in de SAMO (Samenwerkende Muziek Organisatie) houden elk jaar hun jeugdstudiedagen in Grou. Hier ontstond het idee om te komen tot het oprichten van een jeugdharmonieorkest en een jeugdbrassband. In samenwerking met de Fryske Kultuerried werd het idee uitgevoerd en besprekingen met gedeputeerde drs. Johanneke Liemburg en de commissie voor welzijnszaken leidden ertoe, dat de provincie twee keer ƒ 10.000 beschikbaar stelde aan SAMO-Friesland voor de start van twee jeugdorkesten.

Zaterdag werd de eerste repetitie van het jeugdharmonieorkest gehouden in het Bogerman College te Sneek. Er hadden zich 140 muzikanten aangemeld en na proefspel heeft dirigent Piebe Bakker een orkest gevormd van 75 muzikanten tot een maximum leeftijd van 25 jaar, met de volgende bezetting: 4 piccolo's-fluiten, 2 hobo's, 25 bes-klarinetten, 1 altklarinet, 2 bas-klarinetten, 1 fagot, eventueel harp, 4 alt-saxofoons, 2 tenor-saxofoons, 1 bariton-saxofoon, 6 hoorns, 6 trompetten, 2 cornetten, 6 trombones, 6 tenor-tuba's, 2 bassen, 3 slagwerkers.

Na een kort welkom-toespraakje zette Piebe Bakker het doel van het jeugdharmonieorkest uiteen. Hij noemde enkele facetten: het samenstellen van een collectief van harmonie-dirigenten, die zich projectmatig mede voor de leiding beschikbaar zullen stellen; het promoten van het harmonieorkest; het begeleiden van dirigenten-voorlichtingsdagen; het voorspelen en bespreken van de verplichte concoursmuziek, onder leiding van de betreffende componist; het in de belangstelling brengen van muziek, geschreven door Friese componisten; er wordt niet deelgenomen aan concoursen.

Piebe Bakker neemt een zeer gevarieerd programma in studie, waaronder een negental concertnummers, zes marsen, zeven karakterwerkjes en vier composities voor solisten. De jeugd toonde een groot enthousiasme voor het harmonieorkest op de eerste repetitie. 'Sinfonie Concertante' van Gerard Boedijn en de 'Florentinermars' van J. Fucik kregen na een goed half uur repeteren al gestalte. Het presentatieconcert wordt op 1 december gehouden in de sporthal te Sneek.

43

Het F.J.H.O. tijdens het prsentatieconcert in de Sneker sporthal op 1 december 1990.

Barbecueconcert van Fries Jeugd Harmonieorkest

WINTERSWIJK – Het Fries Jeugd Harmonieorkest houdt van 24 tot en met 31 juli een studieweek in de Achterhoek. Vanuit kampeerboederij Olde Beusink, waar het gezelschap overnacht, zullen diverse concerten in de regio worden gehouden.

Onder meer zal het 75 leden tellenden orkest, allen in de leeftijd van 15 tot 25 jaar, op vrijdag 30 juli vanaf acht uur een barbecue-concert verzorgen in de schitterend aangelegde tuin van zaal Nijenhuis aan de Houtladingstraat in Winterswijk. Bij slecht weer heeft het concert binnen plaats. Het optreden is gratis te bezoeken.

Het FHJO geld als visitekaartje van de Friese harmonieorkesten en staat onder leiding van Piebe Bakker. De Winterswijker Wim Timmer, voorheen manager van twee nationale jeugdorkesten, heeft vrijwillig de organisatie van deze Achterhoekse week voor het Friese orkest op zich genomen.

Zondag 25 juli (10.30 uur) begeleidt het FJHO een kerkdienst in de Jacobskerk. Verder staan optredens te wachten buiten Winterswijk op Paleis 't Loo, in Hardenberg en in het Duitse grensgebied.

HET PROGRAMMA VAN VANAVOND

Vanavond om 20.00 uur gaat de Purmerade 1994 van start met een concertoptreden van de Noordnederlandse Jeugd Harmonie. Dit (gelegenheids-)orkest bestaat uit een selectie van ongeveer 100 jonge musici uit de drie noordelijke provincies.

Alleen de samenstelling van het orkest is al een primeur. De Friese Jeugd Harmonie en de Drentse Jeugd Harmonie, aangevuld met een aantal muzikanten uit Groningen hebben nog niet eerder een dergelijk samenwerkingsverband gehad. Waar besturen soms moeilijk doen laten deze muzikanten zien waar het hier eigenlijk om gaat: de muziek. Het orkest zal onder meer de landelijke premiere van het spiksplinternieuwe concert voor fagot en orkest: "Concerto Italiano per fagotto e banda" brengen. De schepper van dit werk, is de bekende Nederlandse componist en dirigent Kees Vlak.

Het programma vindt u hieronder. Een aantal sprekers, waaronder voorzitter van het Purmeradebestuur Ed Doets, zal de "Purmerade 1994" officieel openen.

PROGRAMMA

Drumfanfare Willem Eggert
1. Higher and higher
2. Intrada
3. March of the olympians

EdDoets, voorzitter van de Stichting Purmerade – *speech*

Noordnederlands Jeugd Harmonie Orkest
4. Intrada
5. Canterbury Choral – Jan van der Roost

Theun van Dam, Burgemeester van Purmerend – *speech*

Noord Nederlands Jeugd Harmonie Orkest
6. The Phantom of the Opera – A. Lloyd Webber , Arr. Johan de Mey

Durk Dam, Voorzitter van de Stichting Samenwerkende Muziekorganisaties in Nederland
– *speech*

Noordnederlands Jeugd Harmonie Orkest
7. African Symphonie – Mc. Coy, Arr. Naohiro Iwai
8. Concerto Italiano per fagotto e banda* – Kees Vlak, Fagot solist: Bram van Sambeek
9. Song of Freedom – Jan de Haan

PAUZE

10. Czardas van Monti –   arr. Gert Bomhof, Accordeon solist: Jacob van Bethlehem
11. Music makes friends* – Henk van Lijnschooten
12. Churumbelerias (pasodoble) – Emilio Cebrian Ruiz
13. Feelings – Morris Albert, arr. Derek Ashmore
14. The two Imps (Xylofoon solo) – Kenneth Alford
15. Music – John Miles

* Deze werken zijn speciaal voor de "Purmerade 1994" gecomponeerd.

Met Henk van Lijnschooten op de Purmerade van 1994.

Het F.J.H.O., Luxemburg, zomer 1994.

Fries Jeugd Harmonie Orkest op Purmerade

Het Fries Jeugd Harmonie Orkest onder leiding van Piebe Bakker heeft vandaag de Purmerade 1994 geopend met een galaconcert. Op dit vierjaarlijkse internationale jeugdfestival in Purmerend zijn dit jaar jeugdorkesten te beluisteren uit onder meer Bulgarije, Engeland, Ierland, Israël, Zwitserland, Rusland, Duitsland en België.

Dirigent Bakker is tevens gevraagd om tijdens het festival een internationale 'play-in' te leiden, waarvoor honderd muzikanten uit de deelnemende orkesten zijn geselecteerd. Het Fries Jeugd Harmonie Orkest gaat van morgen tot en met donderdag op tournee door Luxemburg, waarbij concerten worden verzorgd in Petange, Bourscheid, Wilz, Berdorf en Troisvierges.

Verder is er pas een cd uitgekomen, getiteld 'New Compositions For Concertband 14, Pop Parade', met dertien nummers waaronder 'Careless whisper' van George Michael, 'Spanish Harlem' en 'Jurassic Park'. De uitnodiging voor het maken van de cd kwam van Molenaar Edition BV te Wormerveer, de grootste muziekuitgeverij van Nederland. Deze promotie-cd van nieuw uitgegeven werken wordt wereldwijd verspreid.

Samen met het F.J.H.O. bracht Piebe Bakker een drietal CD's uit.

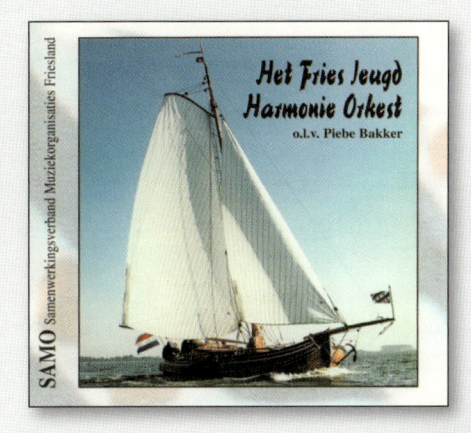

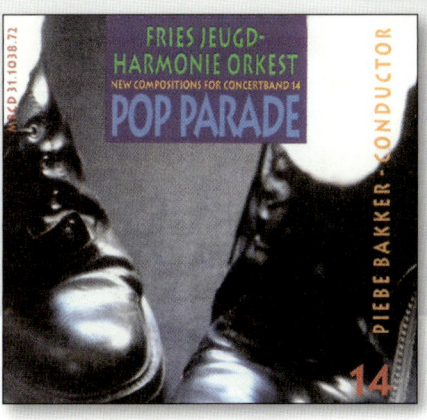

KOUDUM. Alom tevredenheid en waardering voor het gebodene zaterdagavond jl. na afloop van het optreden van het Fries Jeugd Harmonie Orkest in de Klink te Koudum. Een keurig verzorgd en goed uitgevoerd concert, een harmonieus geheel. Veel eigentijdse werken, die herkenning opriepen bij de ruim 100 bezoekers aan dit concert. Met plezier en enthousiasme brachten de orkestleden de composities ten gehore en dan krijgt men de zaal volledig mee. Alles verliep gedisciplineerd en dat was grotendeels te danken aan de bekwame leiding van de dirigent, de oud Koudumer Piebe Bakker. Men kan zijn leidinggevende functie het best omschrijven als ongedwongen gedisciplineerd. De verstandhouding tussen de orkestleden en de dirigent komt zodanig over, dat er sprake is van wederzijds vertrouwen en dan kan men maximaal resultaten bereiken.

Aanstekelijk musiceren Jeugdharmonie-orkest

GORREDIJK - Het Fries Jeugd Harmonie Orkest, bestaande uit zo'n 65 getalenteerde muziekschoolleerlingen in de leeftijd variërend van 15 tot 25 jaar, is een opmerkelijk en aanstekelijk orkest. Het orkest werd in 1989 opgericht door dirigent Piebe Bakker, met als doel het promoten - via dit jeugdorkest - van nieuwe harmonieën in de provincie Friesland. Immers, het zijn juist de harmonieën die hier sterk in de minderheid zijn ten opzichte van de brassbands en fanfares.

Naast het traditionele repertoire, zoals de 'Friese Rhapsodie' van Van Lijnschooten en de 'Radetzky-mars' van Strauss, kregen vernieuwende en eigentijdse muziek van onder anderen Jacob de Haan en Jan van der Roost, in combinatie met artistiek verantwoorde arrangementen van lichte (pop) muziek, de volle aandacht tijdens het nieuwjaarsconcert in De Skâns te Gorredijk. De ouvertures hebben inmiddels plaats gemaakt voor een Spaanse 'Paso doble' en een selectie uit de musical 'The Phantom of the Opera'. Het evenwichtige en vooral muzikale spel dat de jonge muzikanten hier leverden, was van grote klasse.

Als intermezzo speelde een fagotensemble, bestaande uit twintig amateurspelers, een onderhoudende 'Suite' van de zestiende-eeuwse componist Susato Tielman en vervolgens, met begeleiding van de Harmonie, een 'ode' aan de barokmuziek: swingend en jazzy. Het resultaat dat Piebe Bakker weet te bereiken met dit orkest met slechts één repetitie per maand, is verbluffend en zeker een felicitatie waard!

Plaats: De Skâns, Gorredijk. **Gebeurtenis:** Nieuwjaarsconcert door het Provinciaal Fries Jeugd Harmonie Orkest o.l.v. Piebe Bakker, met medewerking van een fagotensemble o.l.v. Fred Gaasterland. **Programma:** 15 composities van klassiek tot hedendaags repertoire. **Belangstelling:** ruim 250 personen.

Piebe Bakker over de ontwikkelingen die zich tijdens de tweede helft van de afgelopen eeuw in de harmonie- en fanfarewereld hebben voltrokken.

Om het gedeelte over Piebe Bakker als dirigent op passelijke wijze te besluiten, leek het mij aardig om weer te geven hoe hij de ontwikkeling van de blaasmuziek in deze periode heeft gadegeslagen. Hieronder lezen we hoe zijn visie daarop was.

Piebe Bakker:

'Er is sinds 1949 tot 1999 heel wat veranderd in de harmonie-fanfarewereld, ook daar is de ontwikkeling niet stil blijven staan. Als we er vanuit gaan dat de meeste korpsen zijn opgericht in de periode rond de kroningsfeesten van koningin Wilhelmina in de jaren 1897/98 dan kunnen we wel vaststellen dat de grootste ontwikkelingen plaats vonden in deze vijftig jaar.
Voor de Tweede Wereldoorlog bestond het repertoire slechts uit marsen, potpourri's, polka's en zo nu en dan een ouverture. De ouvertures waren echter dikwijls arrangementen van composities die oorspronkelijk voor symfonieorkest bedoeld waren zoals 'De Kalief van Bagdad' van Boildieu of de ouverture 'Martha' van Flotow; wel waren ze ietwat vereenvoudigd. De bezetting was nog niet aan bepaalde regels gebonden: geen vaste aantallen in de secties, men was meer van: 'als er van alles maar wat is'.
Het komt er op neer dat ik juist zat in de tijd van de grootste ontwikkeling en ik heb zoveel als ik kon hieraan meegewerkt. Misschien wel omdat ik eigenlijk, van huis uit, een grote liefhebber ben van de blaasmuziek en daarbij paste alles goed tussen mijn andere werkzaamheden. Ik zal hieronder proberen de vele ontwikkelingen binnen de amateuristische muziekbeoefening tijdens deze jaren in enkele punten weer te geven.

1.
Zo begon het dus al met het opleiden van jonge korpsmuzikanten; daarbij werden de muziekscholen ingeschakeld en kregen daarvoor speciale subsidie van de regering, de provincies en de gemeenten. Zo werd het mogelijk om vakdocenten aan te stellen voor de houten en koperen blaasinstrumenten en voor slagwerk. Het resultaat was dat het muzieklezen met sprongen vooruit ging.

2.
Na verloop van tijd begrepen de amateur-dirigenten al snel dat hun tijd hiermee ook voorbij was. De conservatoria startten de opleiding voor het praktijkdiploma harmonie- en fanfare directie en de korpsen gingen over op een professional als dirigent. Dit bracht dadelijk positieve gevolgen met zich mee; de samenstelling van de bezetting werd verbeterd en er ontstonden vernieuwingen op het gebied van repertoire keuze.

3.
Het repertoire voldeed niet meer. De potpourri en de polkatijd maakten plaats voor originele blaasmuziek, muziek die 'gedacht' was voor bepaalde instrumenten en de verschillende combinaties daarvan. Mensen als Gerard Boedijn, Piet van Mever, Meindert Boekel, Piet Stalmeyer, Simon van Leeuwen enz waren de eersten die hierin een voortrekkersrol hadden. Deze nieuwe muziek moest wel even wennen en had tijd nodig om in te burgeren maar langzamerhand begon deze muziek toch de boventoon te voeren.

4.
De instrumenten van de korpsen werden veel beter toen in Nederland buitenlandse merken zoals uit Engeland 'Besson', 'Boosey and Hawkes' en 'Souverin' hun intrede deden, Franse merken zoals 'Courtois' en 'Couesnon', de Yamaha instrumenten uit Japan en verder bijvoorbeeld 'Hammig', 'Getzen', 'King', 'Conn' en slagwerk van 'Premier' die de plaats innamen van de Nederlandse instrumenten van 'Kessels' en de 'Mahillon'-instrumenten uit België.

5.
De vakdirigenten begonnen de bezetting te wijzigen, zochten naar meer balans door de secties completer te maken en te verbeteren door middel van toevoeging van schuiftrombones en waldhoorns. Ook de uitzonderingsinstrumenten zoals de hobo en de engelse hoorn, de fagot en de alt- en basklarinet werden in de standaardbezetting opgenomen om maar te zwijgen over de grote verscheidenheid van slaginstrumenten dat door de korpsen werd aangeschaft.

6.
Mede door deze uitgebreidere mogelijkheden werd de instrumentatie dusdanig gewijzigd en kwamen er ook weer jongere componisten die op hun eigen manier dit weer uitbreidden en vernieuwingen aanbrachten, onder andere onder invloed van buitenlandse componisten. Onder deze nieuwe generatie componisten kunnen we rekenen: Henk van Lijnschooten, Willy Hautvast, Rob Goorhuis, Hardy Mertens, Jan de Haan, Johan de Meij en Kees Vlak.

7.
Deze nieuwe ontwikkelingen op harmonisch gebied werden de muzikanten bijgebracht tijdens de jeugdstudiedagen en play-in's die werden gehouden in alle provincies. Er werden ook speciale studiedagen gehouden voor bepaalde instrumenten zoals voor waldhoorn en schuiftrombone. Vanwege deze ontwikkelingen wilden de hoornisten bijvoorbeeld niet meer partijen spelen met alleen maar naslag maar wilden een volwaardige orkestpartij hebben waarmee de componisten wel degelijk rekening hielden. De composities werden transparanter, meer solistisch en minder 'tutti'. Hierdoor werden alle partijen veel aantrekkelijker maar ritmisch en technisch wel moeilijker.

8.
De muziekuitgeverijen, destijds maar twee in getal, te weten Tierolff en Molenaar, schreven de componisten voor hoe ze hun werken dienden te schrijven. Het moest bijvoorbeeld speelbaar zijn voor zowel harmonie als voor fanfare. Ook moest het niet te moeilijk zijn en er mochten geen moeilijke akkoorden worden gebruikt. Zij hadden het voor het zeggen en anders wilden zij het werk niet uitgeven!
Dit werd met de nieuwe componisten wel anders, die bepaalden zelf waarvoor ze schreven en voerden nieuwe toonsoorten in, moeilijke ritmische patronen en onregelmatige maatsoorten.
Er kwamen een aantal nieuwe uitgevers bij zoals 'De Haske' in Heerenveen en 'Mundana'. Liepen die ook niet helemaal mee, dan begonnen sommige componisten zelf hun werken uit te geven.

9.
Deze vernieuwende composities kwamen al snel op de lessenaar van de muzikanten. Dat kwam doordat ze verplicht werden gesteld op de concoursen en als zodanig werden voorgespeeld op de radio. Er kwam een commissie die jaarlijks de verplichte nummers uitzocht en dan vooral de nieuwste ontwikkelingen hierin volgde. Dit speelde in de ontwikkeling van het repertoire een zeer belangrijke rol.

10.
Waren er ergens in een stad of dorp jongens of meisjes die wel meer in hun

mars hadden dan dat ze in hun eigen korps kwijt konden, dan zochten ze elkaar vaak op in een beter korps of soms in een regionaal of nationaal jeugdorkest. De opgedane nieuwe ideeën werden meegenomen naar de eigen vereniging. Allemaal onderdelen van een totale ontwikkeling van de korpswereld'.

Om het fanfareorkest te promoten werd er in 1987 Fanfare '87 georganiseerd. In onderstaand artikel laat Piebe Bakker samen met Jan Ossenbruggen zijn licht hierover schijnen.

Fanfare '87 deel 2

Onder de titel Fanfare '87 organiseren B.F.O. (het voormalige Bumafonds) en VARA-radio op zaterdag 9 mei 1987 in Concertgebouw „De Vereeniging" in Nijmegen een manifestatie voor fanfare-orkesten.
In overleg met A.N.U.M., F.K.M., K.N.F. en N.F.C.M. is hiertoe besloten omdat gebleken is dat in de fanfare-wereld grote behoefte bestaat aan een bepaalde standaardisering van de orkestbezetting.
Piebe Bakker en Jan van Ossenbruggen, die B.F.O. en VARA in dit projekt artistiek adviseren, stellen in een tweetal artikelen in dit blad de problematiek rondom het fanfare-orkest aan de orde.
In dit tweede artikel behandelen de beide heren enkele technische aspecten ten aanzien van de gestandaardiseerde fanfare-bezetting, te weten:

1. **Klankmogelijkheden**
2. **Instrumentatie**
3. **Orkestopstelling**

1. KLANKMOGELIJKHEDEN

Het fanfare-orkest heeft als basis de milde sonore klank van de bugels, baritons/tuba's en de bassen. Deze instrumenten hebben een geheel eigen karakter en geven een warme en volle orkestklank (karakterfouten ontstaan dan ook wanneer men deze groep te sterk laat spelen!).
Deze basisklank kan in de middenstemmen worden aangevuld met de waldhoorn, die zich immers ook zéér goed mengt met deze instrumentengroep.
Door de toch beperkte omvang van de bugel (ten opzichte van de klarinet in het harmonie-orkest) is het bij een driestemmige schrijfwijze - waarbij de eerste partij soms toch erg hoog wordt genoteerd - van belang deze sektie uit te breiden met een es-cornet.
Door de tweeslachtigheid van de cornet kan dit instrument zich goed aanpassen aan bugelklank en geeft in de hoge diskant een briljante klank en meer ruimte aan het totaal.
Naar beneden kan in dit register een altbugel (dit is wellicht een betere naam voor de lage esbugel dan basbugel!) worden gebruikt vanwege de gemakkelijker speelbaarheid onder de balk.
Deze basis-instrumenten geven een edele volle koperklank die als belangrijkste karakteristiek kan gelden voor het fanfare-orkest.

Vanuit deze basis wordt het fanfare-orkest verder uitgebreid met instrumentgroepen met meer contrasterende timbres:
- de scherp kopersektie
- de saxofoonsektie
- de hoornsektie
- de slagwerkgroep

- **de scherp koper sektie** (trompetten en trombones)

Deze sektie moet qua timbre en karakter zoveel mogelijk contrasteren met de bovengenoemde basiskleur. Het karakter moet zich goed onderscheiden van bugels en baritons/tuba's, zowel in het forte als in het piano. Doordat de instrumenten veel overeenkomsten hebben in de omvang etc., is dit niet eenvoudig te realiseren. Wij kunnen in dit artikel hier niet te uitgebreid op ingaan, maar bijvoorbeeld juiste keuze van mondstuk en dergelijke, kan hierbij tot betere resultaten leiden. Het heldere stralende en krachtige geluid kan een enorme indruk geven.

- **de saxofoonsektie**

Het behoeft geen betoog dat de saxofoonsektie in de fanfare lange tijd verkeerd is aangewend. Ook nu zijn er nog componisten en arrangeurs die de saxofoons alleen benutten om een andere partij ermee te verdubbelen, bijvoorbeeld tenorsax met baritons/tuba's. Dit doet veel afbreuk aan de klank van zowel de saxofoon als van het register waarin deze meespeelt. Saxofoons dienen niet altijd te worden geïntegreerd in een andere sektie; een sopraan-saxofoon laat zich bijvoorbeeld moeilijk mengen met een bugel. De saxofoons dienen dan ook als sektie een volwaardige plaats te krijgen in het fanfare-orkest; daarnaast zijn ze afzonderlijk buitengewoon geschikt voor solistisch spel.

de hoornsektie

Ook de hoornsektie dient zich om dezelfde reden goed te onderscheiden van de „grondkleur". De alten zouden in dit verband minder mogelijkheden bieden, zij mengen zich namelijk te veel met het timbre van de bugels, waardoor - juist in het fanfare-orkest - een te uniforme klank dreigt te ontstaan. De bijzondere kwaliteit van een waldhoorn is dat hij zich gemakkelijk kan mengen met zowel het zachte als het scherpe koper. Desondanks behoudt de waldhoorn zijn karakteristieke klankkleur. Vooral in het middenregister blijft de homogeniteit van de klank bestaan.

de slagwerkgroep

Het meer uitgebreide slagwerk, zoals dat zich de laatste tientallen jaren heeft ontwikkeld binnen de amateur-orkesten, vormt ook in het fanfare-orkest een zeer belangrijk onderdeel. De mallets kunnen bijvoorbeeld prachtige combinaties vormen met de verschillende blaasinstrumenten. Sommige componisten weten dit uitstekend te benutten; het geeft een aparte dimensie aan de totale klankkleur.

Wanneer op deze manier in het fanfare-orkest het sectiespel - in een onderlinge juiste balans - goed tot klinken word gebracht, is er al veel gewonnen. Getracht moet worden het fanfare-orkest te evolueren tot een eigen gedifferentieerd klankkleurenfenomeen. Mengvormen met brassband ten aanzien van het gebruik van cornetten in het bugelregister en alten in het middenregister dienen dan ook te worden vermeden!

2. INSTRUMENTATIE

Betekent dit nu dat er alleen maar in blokvorm wordt gespeeld en men de klankkleur van deze secties alleen maar tegenover elkaar gebruikt? Bij een goede instrumentatie zal dit natuurlijk niet het geval zijn. Als de dirigent de klankverhouding tussen de verschillende groepen goed in de hand weet te houden, zullen in het tutti alle registers in elkaar op kunnen gaan. Maar juist doordat hij dikwijls bang is dat verschillende secties worden overspeeld, durft hij de kleuren niet ten volle te benutten en ontstaat meermalen teveel een eenvormigheid in klankkleur. Dan ontstaat een uniforme „grijze kleur", waarbij alle instrumentengroepen zich zoveel mogelijk proberen te mengen. Een duidelijk onderscheid tussen de timbres zal een optimaal klankeffect geven!
Verder weet de vakkundige componist of arrangeur combinaties te maken door de verschillende instrumenten zo te mengen dat een diversiteit aan kleuren ontstaat. De nuanceringsmogelijkheden dienen ten volle te worden benut. Om dit echter te kunnen realiseren zal de componist/arrangeur/dirigent over een goede afgewogen bezetting dienen te beschikken.
Aan Fanfare '87 kan men alleen deelnemen met een gestandaardiseerde bezetting.
De componisten zullen zich bij het schrijven van werken hiervoor dan ook nauwlettend aan deze bezetting houden en proberen optimaal gebruik te maken van de verschillende mogelijkheden die hun hierin worden geboden.

3. ORKESTOPSTELLING

De opstelling van het orkest is mede bepalend voor een juist klankbeeld, een evenwichtige klankverhouding en een exact samenspel. Het verdient daarom aanbeveling de sekties compact bij elkaar te houden en bijvoorbeeld niet de trombones van de trompetten te scheiden of de saxofoons - zoals dit vaak gebeurt - te spreiden. Dit geeft zowel moeilijkheden ten aanzien van de balans als van het samenspel. Een juiste opstelling is dan ook van primair belang en de onderstaande opstelling kan voor alle drie onderscheidende fanfare-orkesten het best worden toegepast.

Met de doorvoering van standaardisering van de bezetting en uniformering in de opstelling, hopen wij bij te dragen tot een juist klank-idioom waardoor er zich in de komende jaren weer nieuwe mogelijkheden zullen ontplooien voor de fanfare-orkesten, met name ten aanzien van het repertoire.
Voorlopig lijkt ons deze verhandeling over de instrumentatiegroepen binnen de fanfare voldoende voor een eerste kennismaking met de gestandaardiseerde bezetting.
Een volgende keer hopen wij iets te kunnen meedelen over de drie verplichte werken, welke hiervoor speciaal in opdracht worden geschreven.

Piebe Bakker, Jan van Ossebruggen.

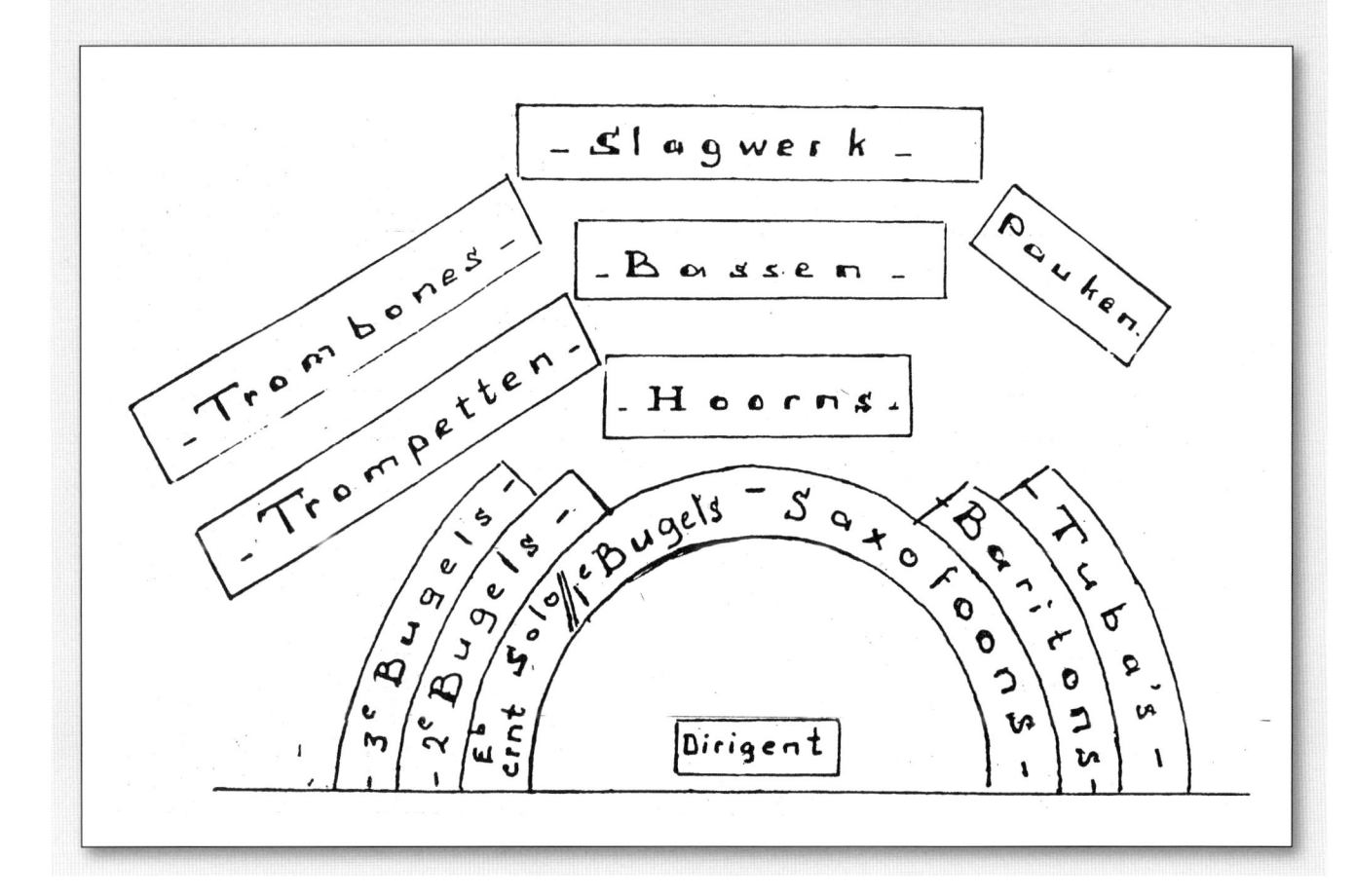

SEKTIE G - de bezetting voor de toekomst?

Ha/Fa nu

De Harmonie en Fanfare in het algemeen kan zéér funktioneel zijn in onze samenleving; zo kan - om een enkel voorbeeld te geven - een muziekkorps.
a. de samenzang b.v. in de kerk ideaal begeleiden; ook een kopergroep uit het geheel kan in een kerk prachtig klinken.
b. konserterend in de konsertzaal kunnen alle soorten muziek worden uitgevoerd; van klassiek tot eigentijds; arrangementen en originele muziek voor blaasorkest.
c. Optredend als een groot amusements orkest kan een blaasorkest eveneens goed klinken.
d. Op straat kunnen de festiviteiten worden opgeluisterd met marsmuziek en geven dan veel kleur aan het geheel.
e. Er kan in kleine groepen worden gemusiceerd; kwartet kwintet etc.
f. Ook kan er een boerenkapel bij feestelijke gelegenheden worden samengesteld om de feestvreugde te verhogen.
Kortom, er zijn tal van mogelijkheden waarin een muzikant zich naar hartelust kan uitleven!

Ontstaan

De Harmonie en Fanfare, de amateuristische muziekbeoefening zoals wij die thans kennen, is nog niet zo oud, ongeveer 100 jaar. De meeste korpsen zijn opgericht omstreeks 1898 t.g.v. de kroningsfeesten van koningin Wilhelmina.
In de loop der jaren werd **enerzijds** steeds de militaire muziek als voorbeeld gevolgd. Niet zo erg verwonderlijk als we inachtnemen dat de meeste burgermuziekkorpsen in die tijd werden geleid door stafmuzikanten. Zo werd er b.v. door het korps gemarcheerd en werden er pittige marsen gespeeld; er werd veel aandacht besteed aan de marsorde en discipline. Beperkte de uniforme kleding zich voor ± 50 jaar terug tot een gelijk hoofddeksel, later kwamen er komplete uniformen met soms speciale onderscheidingstekens voor dirigent, 2e dirigent of bestuursleden, alles naar militair voorbeeld.

Na 1945: drumbands

Na de oorlog in 1945 kwam een nieuw aspect hierbij de aandacht vragen n.l. de **drumband.**
De naam verraadt het al, in navolging van de show-bands van onze bevrijders uit Canada-Engeland en Amerika, welke onze harten sneller deden kloppen, werden er al gauw veel van dit soort show-bands aan onze bestaande harmonie en fanfare orkesten toegevoegd. Sommigen met komplete tijgervellen over de overslagtrom etc. Er openden zich nieuwe perspektieven; er werden gezamelijke taptoe's georganiseerd, welke in het algemeen veel belangstelling trokken. Waren de eerste taptoe's nog wat statisch, later - weer naar het militaire voorbeeld - ging men zich bewegen en werden er soms ingewikkelde counters, formaties en figuren al spelend uitgevoerd. Om in dit artikel hierover niet te veel uit te wijden moet toch nog wel worden gezegd dat men Gezamelijk - organisatie, instrukteurs etc. - deze nieuwe loot in al haar facetten (sektie A t/m G) in betrekkelijk korte tijd tot een behoorlijk niveau heeft weten te brengen. Als we even terugblikken naar het W.M.C. in Kerkrade dan moeten we toch veel waardering hebben voor de prestaties welke op dit gebied in het stadion werden geleverd. Er werd soms met een perfektie gewerkt waarbij de militaire bands in de schaduw bleven.

Originele blaasmuziek

Anderzijds werd echter het symfonie-orkest als voorbeeld aangehouden. Gezien het feit dat deze orkesten al veel ouder waren en het repertoire praktisch geheel hiervan was overgenomen, voelde men zich hierdoor ook zéér verwant met deze orkesten. Echter na de ouverture periode kwamen zo langzamerhand de originele werken; eerst van enkele komponisten w.o. b.v. Gerard Boedijn, later kwamen er meer en kreeg - althans wat het repertoire betrof - de harmonie en fanfare een eigen gezicht. Er werden regeringsopdrachten verstrekt aan komponisten om vooral het eigen karakter gestalte te geven.

Opleiding - programma zorg

Naast een betere opleiding veranderde langzaam ook het sociale patroon van de ha/fa muzikanten. Een speciaal ingestelde dirigenten opleiding aan de konservatoria zorgde voor een betere muzikale voorlichting en ook bestuurlijk kwam men tot betere resultaten. Praktisch alle orkesten gingen in de loop der jaren over op lage stemming en het konserteren alsmede de konkoursen buiten, werden meer en meer verplaatst naar de zaal. Vermeldde het programma van de jaarlijkse uitvoering voorheen meestal na de pauze een toneelstuk of iets dergelijks, tegenwoordig wordt het gehele programma verzorgd door het eigen orkest dat hiervoor soms aansluiting zoekt bij beroepsmusici voor solistisch optreden (pianist-zanger-blazer) met de betreffende harmonie of fanfare, als begeleiding of met de plaatselijke koren voor gezamelijk optreden etc. De publieke belangstelling, welke vroeger in hoofdzaak bestond uit familie en donateurs, worden langzamerhand liefhebbers van blaasmuziek in het algemeen uit alle lagen van de bevolking. Deze twee verschillende stromingen nu zoals hierboven geschetst geven hier en daar aanleiding tot konflikten. Wat is namelijk het geval?
Muzikanten welke zuiver alleen lid zijn van de harmonie- of fanfare omdat zij veel van blaasmuziek houden, zouden niets liever willen dan alleen maar repeteren en/of een zaalkonsert verzorgen; zij vinden hierin een volkomen bevrediging van hun muzikale behoeften. Zij zouden dan ook het liefst hun uniform verwisselen voor een donkere smoking - voor een verzorgde totaal aanzicht op het podium - maar willen verder alleen maar prettig musiceren liefst op een zo hoog mogelijk niveau! Een ander funktioneel optreden buiten past in dit schema.

Combinatie puzzels

De drumband-muzikanten daarentegen vinden juist het optreden op straat van het grootste belang en proberen dan ook met hun soms prachtige uitmonstering - keurige marsorde en pittig ritmisch slagwerk - al dan niet voorafgegaan door een adembenemend majorettenpeleton - het publiek te boeien. Wanneer echter achter deze drumband (met of zonder pijpers of lyra's) geen harmonie of fanfare orkest marcheert dat zich dan af en toe eens laat horen, dan is het geheel toch wat kaal en in kompleet.

Amerika voorop

Wat zich nu bij ons incidenteel hier en daar voor doet is in b.v. in Amerika geen punt meer; daar heeft men n.l. duidelijk al een splitsing gemaakt tussen de z.g. ,,Marching bands'' en ,,Concert bands''. Sommigen beweren in the U.S.A. dan de Marching bands meer in aanzien zijn terwijl anderen menen dat het de Concert bands zijn. Ik heb ze beide enige tijd meegemaakt, en heb grote bewondering voor hun geweldige inzet zowel voor de één als voor de ander; een feit is echter dat er met name onder de jeugd een enorme belangstelling bestaat voor de Marching-bands. Met een strak repetitie schema kunnen ze hierin dan ook een perfektie bereiken wat je niet voor mogelijk houdt.

En nu: sektie G

Boven dit artikel staat: Wordt de sektie G- of, de z.g. drumfanfare, de bezetting voor de toekomst? Welnu, ook hier gaat men nieuwe wegen zoeken bij de ,,Marching bands'' naar een volklinkend ensemble op straat met dan liefst ook nog een geheel eigen aangepast repertoire. Niet alleen strakke marsmuziek zoals voorheen, maar meer ,,swingende'' muziek met daarin soms nog langzame en zeer snelle tempi. Uit deze van verschillende bezettingen van trompetten-jachthoorns- pijpers-lyra's in verschillende stemmingen komen de laatste jaren de bands in de sektie G steeds meer onze aandacht vragen; zij zijn dan ook volgens mij de beste vervangers van het harmonie of fanfare orkest.

Bezetting

Wat is nu precies de bezetting van een band uit de **sektie G.** en wat voor muziek kunnen ze spelen? Wel in principe kan de bezetting een samenvoeging zijn van alle blaasinstrumenten, uitgebreid slagwerk kompleet met melodie instrumenten. Uiteraard zullen die blaasinstrumenten worden gebruikt welke voor buiten optreden het meest geschikt zijn en zullen de koperen blaasinstrumenten, vanwege hun groter volume, het sterkst zijn vertegenwoordigd. Om dezelfde reden zal men b.v. ook liever trompetten nemen dan bugels, maar ook fluiten en saxofoons kunnen als sektie alleen of als vulstem zeer goed worden toegepast. Het meeste moeite deed zich voor in een goede altstem; de heer Conjaerts heeft hiervoor een oplossing gevonden in de z.g. ,,Mellohoorn'' wat mij hiervoor een goede oplossing lijkt. Een **uni-**

Uitgaan van compositie

Men moet n.l. van een heel ander punt uitgaan, niet van de **bezetting** maar van de **kompositie!** Het zou volgens sommigen moeilijk zijn om een repertoire op te bouwen voor deze sektie juist omdat de bezettingen zoveel van elkaar zouden verschillen. Akkoord, maar dat geeft juist een leuke variatie aan deze sektie en moet zo blijven. We moeten dan ook niet proberen tot een uniforme bezetting te komen, maar tot een uniforme wijze van **komponeren!** Dat houdt in dat alle muziek hiervoor dient te worden geschreven in vier blokken, de z.g. ,,koristische zetting'', met daarbij natuurlijk een wel juist in alle onderdelen volledig geschreven slagwerk partij. Men gaat de band verdelen in 4 groepen zoals de harmonie of fanfare de werken speelt als b.v.
Danserije Susato/van Lijnschooten
Suite uit het Antwerpse liedboek H. van Lijnschoten
Koninklijke muziek H. van Lijnschoten
Around the World Cees Vlak
A strange party Cees Vlak
Happy sound selektion Cees Vlak

Dirigent moet instrumenteren

Dit soort muziek klinkt zeker zeer kompakt voor een ,,Marching band'' (sektie G). De mogelijkheid van deze muziek is n.l. dat de instrukteur nu geheel naar eigen inzicht en rekening houdend met zijn eigen bezetting deze werken zelf kan **,,instrumenteren''.** Met wat experimenteren en misschien enige kollektieve voorlichting zal hij al gauw weten wat voor zijn band het beste klinkt en hiernaar de partituur inrichten.

Goede mogelijkheden in de toekomst voor componisten

Deze vorm van komponeren biedt n.l. veel meer ruimte voor de komponisten en toch kan iedere band z'n eigen ,,sound'' er in vinden. Men kan de muziek uitwisselen, wat nu meestal niet mogelijk is, en er zou een keuzelijst kunnen worden gemaakt welke in het Repertorium opgenomen zou kunnen worden. Komponisten zouden opdrachten kunnen krijgen vanuit b.v. de S.O.N.M.O. voor het komponeren van werken voor sektie G en zouden dan precies weten hoe ze moeten schrijven.

Zonder ,,concertband'' op eigen benen

Het musiceren in de sektie G zal verder meer bevrediging schenken aan de muzikanten dan alleen het spelen op natuurtonen. Vandaar dus mijn uitgangspunt over de bezetting v.d. toekomst; een dergelijk korps zal het n.l. het best kunnen stellen zonder medewerking v.d. **,,concert band''.** Ik zie dan ook een grote toename van deze bezetting voor de toekomst waarvoor de soort muziek dan ook beslist geen probleem behoeft te zijn.

Standaardisatie van de bezetting
Het fanfare-orkest (2)

Verwijzend naar het vorige artikel over dit onderwerp (zie: De Muziekbode november 1983) kunnen we stellen dat wanneer we zouden komen tot een zekere **standaardisatie van de bezetting**, dit veel moeilijkheden zou oplossen!
Als we echter hierbij uitgaan van de basis van het orkest - de **saxhoorn-groep** - dienen we de andere sekties hier zorgvuldig tegen af te wegen en niet klakkeloos te gaan verdubbelen bij een eventuele uitbreiding.
We gaan eerst de sekties van het fanfareorkest er eens uitlichten en de funkties ervan nader beschouwen.

1. Het **bugelregister** is week, mild en warm van klank (dit karakter gaat verloren als men dit register te sterk laat spelen dan neigt het scherp te worden) en wordt meestal 3-stemmig behandeld. De solo-bugel vormt niet de juiste **top** van het orkest, dit euvel wordt soms ondervangen door enkele sopraansaxen hiervoor te gebruiken; dit doet echter veel afbreuk aan de milde klank van het bugelregister.
Aanbeveling verdient dan ook het gebruik van een **es-cornet**; de klank is iets penetranter dan de bugel, maar geeft aan de totale bugelklank in de hoogte een briljante klank. (een es-bugel speelt te zwaar, is nogal onzuiver en derhalve niet aan te bevelen).
De 3e bugel geeft in deze sektie nog weleens moeilijkheden, deze partij staat vaak onder de c' genoteerd; in tegenstelling tot de 3e klarinetpartij - welke hier in een goed klinkend register speelt - wordt de articulatie bij de bugel meestal dik en is de stemming eveneens minder. Men kan dan ook beter 3-stemmig instrumenteren voor het klarinetregister in het harmonieorkest dan voor het bugelregister in de fanfare.
In de iets oudere composities werd dèn ook veelal de 1e alt partij mede hiervoor gebruikt met het gevolg dat de hoornsektie als apart register niet of nauwelijks werd aangewend, hetgeen ten eerste natuurlijk veel afbreuk deed aan de kleurschakeringen in het orkest en ten tweede bracht; dit een oninteressante partij voor deze instrumenten met zich mee, namelijk gedeeltelijk de derde bugel partij en verder een vulstem van de begeleidende akkoorden. Het zou om deze redenen beter zijn om de derde bugel geheel of gedeeltelijk te vervangen door een bas-bugel (een grotere es-bugel).
Dit is een alt in bugelmodel met uiteraard hetzelfde timbre, maar speelt in een veel gunstiger ligging dan de derde bugel.
Bovendien heeft deze bas-bugel meer dynamische mogelijkheden door de andere stemming (ligging) waardoor een betere balans kan worden verkregen; het geeft als fundament van het bugelregister een veel homogenere klank aan deze sektie.

2. In het **hoornregister** zouden hierdoor de alten weggelaten kunnen worden, hetgeen veel gunstiger voor de klank van deze sektie zou zijn. Het hoornregister zal zich veel beter laten onderscheiden in het totale kleurenpalet.
De specifieke "sound" van de waldhoorns (tegenwoordig al vrij algemeen in gebruik bij de fanfares) komt - mede door de veranderde instrumentatie - veel beter tot z'n recht.
Wanneer een fanfare-orkest echter (nog) niet de beschikking heeft over waldhoorns, is het te bevelen hiervoor uitsluitend cors, (stellahoorns) of mellofoons te gebruiken; dit is zowel voor solotrekjes als voor sektiespel - qua klank - te prevaleren boven het gebruik van alten.

3. Verkeerd gebruik van de saxofoons doet veel afbreuk aan de klankkleur van de verschillende registers binnen de fanfare.
De familie van de saxofoons dient namelijk als **sektie** te fungeren met daarnaast voor solotrekjes maar buiten de tutti gedeelten niet steeds mee te spelen met de andere registers mee te spelen!
De sopraan-saxofoon dient niet voortdurende de solo bugel partij te verdubbelen, of de altsax de hoorn partij etc.
Een **sopraan**-sax kan bijvoorbeeld soms wat ruimte suggereren door het oktaaf te spelen van de discant net als de piccolo in het harmonie-orkest of solotrekjes als de funktie van de hobo maar dient verder binnen het orkest als een aparte groep te worden behandeld.
Bij de opstelling van deze instrumenten in de bezetting (waar we later nog op terug zullen komen) dient hiermee al rekening te worden gehouden.

4. De kleur van het **scherp koper** - trompetten en trombones - dient zoveel mogelijk te contrasteren met het zacht koper; dit geldt zowel in het forte als in het piano.
Immers, het juiste timbre moet steeds goed waarneembaar blijven; het ligt uiteraard dichter bijelkaar dan bij het klarinetregister van het harmonieorkest.
Om die reden is dan ook ten zéérste het gebruik van cornetten in het bugel register af te raden terwijl in het scherp koper - naast de trompetten - de cornet alleen voor speciale solotrekjes dient te worden gebruikt.
Het povere resultaat ten aanzien van de juiste klankkleur wordt dan ook meestal veroorzaakt doordat de klank van de bugels met de trompetten en de trombones met de tenor instrumentaal te veel meleren, waardoor de juiste karakters van deze instrumenten niet voldoende uit de verf komen.
Een goed onderscheid van timbre zal resulteren in een optimaal effect tussen de verschillende sekties.

5. Het **tenor-register** zal **vol** en **rond** van klank moeten zijn tegenover de trombones, zij dienen verder **groot** en **ruim** van toon te zijn om als **melodie tegen melodie** goed te kunnen fungeren.
In de nieuwere instrumentatie worden de baritons en tuba's vaak gelijk geschreven!
Eén partij in de G - en één in de F - sleutel.
De tweede bariton en tweede tuba partij van voorheen komen nu praktisch niet meer voor, hierdoor wordt doorzichtigheid van het spel bevorderd, zij maken namelijk de instrumentatie erg dik en onduidelijk.
Als er in open gedeelten een verdeelde tenor partij wordt gevraagd, wordt de partij gedivideerd.
Teneinde een vol klinkende tenor te verkrijgen worden er bij voorkeur euphoniums aanbevolen met een grote wijde mensuur.

6. Het **bas-register** - het fundament van het orkest - dient voldoende te zijn bezet.
Te weinig bassen geeft een zéér schrale totaalklank, terwijl met een goed basregister het orkest in de hoogte veel brillanter klinkt; de klank heeft steun nodig, moet als het ware worden gedragen.
Aan een dubbele bezetting van Es- en Bes-bas dient dan ook streng de hand te worden gehouden.
Het bas-register moet - als onderdeel van de saxhoorn groep - eveneens mooi rond van klank blijven.
In de dynamisch sterkere gedeelten zal de bastrombone (derde trombone) - liefst met kwartventiel en wijde beker - dan ook de schakel moeten vormen tussen het zacht en het scherp koper.
Wanneer de bastrombonist zich hier goed op instelt zal het staccato van de bassen veel lichter gaan klinken terwijl het bas-register hierdoor in het forte veel markanter en massiever zal klinken.

7. Tenslotte het **slagwerk**, deze sektie is lang het stiefkind van het orkest geweest, maar toch langzamerhand uitgegroeid tot één van de belangrijkste onderdelen van het orkest. De invloed van de ritmische ontwikkeling en de betere opleiding zal hier wel niet vreemd aan zijn geweest. Hoe dan ook, de componisten schrijven tegenwoordig zodanig voor deze sektie dat niet meer kan worden volstaan met alleen kleine en grote trom, maar men met een uitgebreide slagwerkgroep - waarin ook melodische slaginstrumenten zijn opgenomen - zal moeten werken.
Ook hiermee kunnen de kleuren en combinaties van het orkest worden uitgebreid.

Een op deze manier opgezette en **uitgebalanceerde bezetting** zal zéér grote mogelijkheden kunnen bieden aan **kleurschakeringen** en **combinaties** in het fanfare orkest.
Een eerste vereiste hierbij is echter een juiste **verdeling** van deze instrumenten in de bezetting.
Er zal een uitgekiend patroon moeten worden opgezet voor zowel een **kleine bezetting**, een **middel grote bezetting** als een **grote bezetting**.
Een opzet hiervan, alsmede een juiste opstelling van een meer gestandaardiseerde bezetting volgt in het slot artikel in het januari-nummer van De Muziekbode.

Piebe Bakker.

Jurylid

Piebe Bakker:

'Ik was tien jaar oud toen ik voor het eerst als lid van het korps 'Looft den Heer' van Koudum naar een muziekconcours moest. Het werd in Franeker gehouden. We gingen er met de bus naar toe en kwamen langs Waaksens en Tzum want de mooie grote weg van Bolsward naar de afsluitdijk was er toen nog niet. Van mijn moeder kregen we voor onderweg twee zakken met boterhammen mee. We speelden het stuk 'Levensstrijd' van J. van Beekhoven en waren nogal zenuwachtig. Toch haalden we een tweede prijs.

Daarna kwam de oorlog en was het uit met de concoursen. In 1948 kwam alles langzamerhand weer op gang, ook de concoursen. Piebe Bakker zat toen als altsaxofonist bij 'Nij Libben' van Koudum, een pracht van een fanfare die ook op de Friese concoursen goed kon meekomen. Toen hij een paar jaar later dirigent van deze vereniging werd, werd 'Nij Libben' lid van de ANUM (Algemene Unie van Muziekverenigingen) en ging hij met het orkest naar de topconcoursen in Leiden, waar hij met hen zes maal de kampioenswimpel won. Dat was heel wat voor Friesland. Nu konden de Friezen dus ook buiten de provinciegrenzen meedoen. Voorheen hadden alleen Limburg en Noord-Holland (de Zaanstreek) deze status'.

Het viel de jury op dat Piebe Bakker geregeld de hoogste punten scoorde op de concoursen. Een van de juryleden, Rocus van Yperen, inspecteur van de Militaire Muziek, vroeg hem of hij eens bij hem in Den Haag wilde komen. Ze maakten een afspraak en Piebe kon wel bij hem eten en overnachten. In Den Haag vertelde hij Piebe dat Gijsbert Nieuwland ophield als dirigent van de Marinierskapel en dirigent werd van het Promenadeorkest en dat ze nu een opvolger voor hem aan het zoeken waren. Volgens Van Yperen was er geen geschikte opvolger onder de militaire kapelmeesters en, ook al was het niet gebruikelijk, dachten ze erover om hiervoor een burger aan te trekken. Men had hiervoor Piebe Bakker op het oog. Hij ging daar twee dagen heen om de repetities van dat orkest bij te wonen.
Hoewel het een prachtige kapel was, voelde Piebe Bakker zich niet militair genoeg om zo plichtmatig met een zodanig orkest om te gaan. De onderkapelmeester was toen Peet van Bruggen. Voordat Bakker en Van Yperen uit het kantoor kwamen en naar het repetitievertrek gingen, was Van Bruggen eerst even wat met het orkest gaan inspelen. Toen de twee heren het vertrek binnen kwamen ging het hele orkest staan en de repetitie zou beginnen. Toen er een muzikant te laat kwam, moest die zich natuurlijk stram in de houding melden en Van Yperen vroeg waar hij zo laat vandaan gekomen was. 'Nou', zei de man, 'ik ben eerst even naar de tandarts geweest'. 'Dat stond niet in het boek', zei Van Yperen. 'Kom om twaalf uur maar op rapport'. Die man, hij was klarinettist, ging zitten en kreeg een poosje later ook nog eens een standje dat hij niet zuiver speelde. Koffiedrinken en dergelijke gebeurde gescheiden, want anders raakte je teveel bevriend met je onderdanen. Het waren allemaal maar kleine dingetjes, maar zo was Piebe Bakker niet opgevoed bij zijn korpsen. Musiceren min of meer onder tucht was niets voor hem. Bakker vroeg na afloop van het gebeuren rondom die klarinettist waarom Van Yperen hem op rapport liet komen. Die zei dat als hij zoiets niet zou doen er misschien wel eens vijf muzikanten te laat zouden komen! Er was dus sprake van een grote discipline! Daarop bedankte Piebe hem vriendelijk voor de gastvrijheid en zei dat hij het toch liever bij de amateurs hield. Dat kon Van Yperen zich natuurlijk niet voorstellen maar het was nu eenmaal zo. Later is Henk van Lijnschooten benoemd als directeur van de Marinierskapel.

Een aantal jaren later kwam Piebe Bakker toch weer met deze mensen in contact, maar toen in zijn functie als jurylid. Zo zat hij verscheidene keren in de jury met: Rocus van Yperen, Gijsbert Nieuwland, Peet van Bruggen, Joop Laro, Henk van Lijnschooten, Jaap Koops, Jan van Ossenbruggen, Lex van Diepen, Bep Warnas, Anne Posthumus, Karel Kokelaar, Johan Pinkse, Gert Jansen en Pierre Kuipers.

Peet van Bruggen

Rocus van Yperen

Maar hoe wordt men jurylid?

Piebe Bakker:

'Dat gaat natuurlijk niet zomaar. Vroeger kwamen daar alleen maar mensen voor in aanmerking die een beroepsorkest dirigeerden, zoals een van onze militaire beroepsorkesten. Tegenwoordig noemen we deze mensen, die meestal de rang van kapitein of majoor hebben, directeur. Verder kwamen componisten in aanmerking en dan vooral zij die blaasmuziek componeerden. Wel vaklieden dus die ook heel goed wisten hoe een amateur-orkest moest klinken.

Altijd waren ze in een donker pak, een beetje of helemaal geen haar, zo zagen ze er meestal uit. Als klein jongetje keek ik altijd of ze ook extra grote oren hadden. Ze hoorden immers altijd alles zoals mijn vader het zei.

Je moet natuurlijk van alles leren voordat je er handigheid in krijgt en zo verging het mij ook bij het jureren. Het eerste festival waar ik gevraagd werd om te jureren, was in 1953. Het was op 'Nienoord' in Leek, een mooie gelegenheid daar. Het werd op een avond gehouden en er deden acht korpsen aan mee. Nu was het bij de Groninger bond de gewoonte dat na ieder optreden de dirigent even bij de jury langskwam om een indruk te krijgen hoe hij had gespeeld.

Maar ondertussen nam het volgende korps al weer plaats en als de dirigent weer vertrok, kon het korps meteen beginnen met spelen. Maar niet bij mij, want dan moest ik het verslag nog schrijven. Ik kon niet tegelijkertijd luisteren en schrijven, dus maakte ik eerst een paar aantekeningen in de partituur om dit dan even later uit te werken. Alle korpsen moesten dan wachten en dat was natuurlijk vervelend. Na het derde korps kwam de voorzitter bij mij en zei: 'Ik heb het even uitgerekend, maar als u op deze manier blijft doorgaan is het laatste korps vannacht om een uur of twee aan de beurt'. Toen vroeg ik hem of het ook mogelijk was om de dirigenten niet meer bij mij te laten langskomen.

Ze konden immers thuis wel lezen wat ik in het verslag had geschreven. Nou, toen heb ik het zo'n beetje gered, maar zo langzamerhand heb ik wel geleerd om het verslag te schrijven terwijl het korps speelt; als het korps uitgespeeld was hoefde je alleen nog maar even de eindconclusie op te schrijven en dan was je klaar. Maar voordat je je dat eigen hebt gemaakt, daar gaat natuurlijk wel wat tijd overheen'.

Henk Badings

'Mannen als Henk Badings en Jean Claessens bijvoorbeeld waren zulke intellectuele figuren dat ik eigenlijk liever niet met hen in discussie ging over theoretische vraagstukken. Maar als ik dan met hen in de jury zat en er een korps uit de laagste afdeling moest spelen, zaten ze soms terwijl het korps speelde te praten over de compositie. Zo'n compositie was natuurlijk niets in hun ogen, dat begreep ik wel. Maar als het stuk was afgelopen keken ze mij even aan om de punten te geven; dan dacht ik wel eens: 'Wat moet dat meisje op die tweede bugel blij zijn dat ik hier vandaag in de jury zit, dan heeft er toch iemand naar haar geluisterd!'.

Bij een van de federaties hadden ze de gewoonte dat alle juryleden wel een verslag moesten schrijven, maar dat dan van die drie verslagen later door één iemand een samenvatting moest worden gemaakt, wat dan in het maandblad werd afgedrukt. De ouderen schoven dat klusje meestal van zich af zodat ik dat als jongste mee naar huis kreeg.

Ik moet zeggen dat ik dat niet zo erg vond, want daar heb ik veel van geleerd. Maar als het korps niet zo goed speelde, of wat ik zojuist zei, als men de compositie niet interessant genoeg vond, dan moest ik zelf zo veel mogelijk noteren want aan hun verslagen had ik niets. Zo kreeg ik eens een verslag van één van de juryleden waarin alleen maar stond: 'hier moet de bezem door!'. Ja, ik wist ook wel dat het weinig voorstelde, maar die mensen wilden wel weten wat eraan mankeerde. Dan was ik maar blij dat ik zelf behoorlijk wat had opgeschreven!'.

Tijdens een van zijn debuten als jurylid met Willem Steyn.

De toppers van toen

In het midden Jean Claessens en rechts Arnold Wensink

Henk van Lijnschooten.

Er wordt overlegd tussen Gijsbert Nieuwland en Piet van Mever tijdens de beoordeling van een marswedstrijd.

Piet Stalmeyer

Pi Scheffer

Piet van Mever

In de jury met Jan van Ossenbruggen.

Aan de jurytafel met in het midden Henk van Lijnschooten en rechts Jaap Koops.

Iemand waarvoor ik altijd groot respect had als jurylid was componist Gerad Boedijn. Ik had natuurlijk al heel wat keren met mijn korpsen voor hem gespeeld en las altijd met grote bewondering zijn verslagen. Niets ontsnapte aan zijn aandacht. Hij durfde soms heel kort en bondig zijn mening weer te geven. Zo speelde ik eens een keer zijn concertmars 'Gammatique', waarover hij alleen maar het volgende schreef:

```
GRANDIOZE MARS "GAMMATIQUE" - G.Boedijn; Mijn compliment, hoor! Zò
moet "Gammatique". Over enkele vlekjes in samenspel en zuiverheid (melo-
die begin Trio) zullen we het niet hebben. Het was fraai werk.
```

Kijk, dan had je bij Boedijn de juiste snaar geraakt!.

Maar ik zag er wel wat tegenaan toen ik voor het eerst bij hem in de jury kwam te zitten. Toen het eerste korps had gespeeld, moest ik de punten geven en hem vervolgens mijn puntenoverzicht laten zien. Ik wilde wel bidden dat de punten vrijwel overeen zouden komen met die van hem. De briefjes werden omgekeerd en het bleek dat wij over zes rubrieken maar een halve punt verschil hadden. 'Zie je wel?', Zei hij, 'ik heb je het vak goed geleerd'. Hij heeft mij later dan ook nooit weer om een puntenoverzicht gevraagd.
Later toen hij in het Liornahuis zat, een tehuis voor niet-kerkelijke ouderen, haalde ik hem wel eens op als ik bijvoorbeeld moest jureren op het topconcours in Leiden. Hij zat dan onder in de zaal en wij zaten boven. Maar als de uitslag dan bekend werd gemaakt, dan keek ik nog met een schuin oogje of hij ook zou schudden met zijn grijze hoofd om aan te geven dat we het niet goed hadden gedaan! Het respect bleef dus!'.

Jaren na zijn overlijden kwam er over Gerard Boedijn een klein boekje uit, waarin de volgende anekote stond:

'Er is een beroemde anekdote op de afsluitdijk met Piebe Bakker, leerling van Boedijn; die toen net een jonge aankomende dirigent was. Hij moest met de muziekvereniging 'Nij Libben' op concours. Vader Piet en Jan Molenaar trokken steeds naar die 'monsterconcoursen', waar wel dertig verenigingen op één dag speelden. Dat begon s 'morgens vroeg en ging bijna aan één stuk tot s 'avonds door. Gerard zat dan in de jury en om geld uit te sparen belde hij Piet Molenaar op of die hem in Hoorn kon ophalen. Piebe Bakker's vereniging speelde, althans volgens Molenaar, 'de engelen van het dak af', maar achteraf bleek dat niet zo uit de uitslag; de vereniging behaalde namelijk geen eerste prijs 'met lof'.

Midden in de nacht ging het trio Gerard, Piet en Jan weer de auto in, om de terugtocht aan te vatten, maar er was vreselijk veel mist. Ze beginnen aan de route over de afsluitdijk en Piet begint Gerard de les te spellen over het feit dat Piebe Bakker zo weinig punten had gekregen. Toen zei Gerard:'Ja, maar die man begint pas, die moet nog niet overladen worden met punten, want dan krijgt ie teveel verbeelding!'. Meteen ontsteekt Piet Molenaar in woede, zet zijn auto aan de kant van de weg, opent het portier aan Boedijns zijde en zegt: 'Stap jij maar uit, met zulke ideeën hoef jij niet in die auto te zitten!'. Gerard was verbluft, dacht dat Piet dit echt meende en maakte aanstalten om uit te stappen............schaterlachend zijn ze toen............met z'n drieën, verder naar huis gereden'.

Piebe zat ook vaak in de jury met twee Friese juryleden: Bram Feenstra en Sierd de Boer. Deze laatste werd later dirigent van 'De Leymf', een harmonieorkest van de melkfabriek uit Leeuwarden. Toen hij daarmee naar concours moest, zag hij het niet zo zitten met de klarinetsectie. Er moest eigenlijk iemand worden bijgeleend anders zouden ze het niet redden. Bakema, de klarinettist van het Frysk Orkest werd gevraagd en die zou voor vijfentwintig gulden even meespelen. Bakema zei tegen Piebe Bakker op les: 'een goede snabbel!'. Toen ze klaar zaten speelde Bakema uit gewoonte zijn klarinet even door. Maar veel te professioneel, een chromatische toonladder over de gehele omvang. Dat viel de jury direct op. Voordat de jury het belletje luidde om daarmee aan te geven dat kon worden begonnen met spelen, lieten ze eerst Sierd de Boer bij zich roepen en S.P. van Leeuwen, een van de juryleden zei: 'Wie is die soloklarinettist, vast en zeker een vakman, of niet soms?'. Nu had Bakema al een brilletje opgezet en het haar een beetje naar achteren gekamd, maar viel toch door de mand. Alleen al door het inspelen! Sierd de Boer gaf toe dat hij inderdaad Bakema van het Frysk Orkest even had gevraagd omdat de klarinetpartij nogal moeilijk was. 'Wel', zei Van Leeuwen, 'nu kunt u hem mee laten spelen, maar dan krijgt u geen prijs en punten. Speelt hij niet mee, dan doet u gewoon mee aan het concours'. De dirigent zag de bui hangen en wist dat ze er zonder Bakema niet door zouden komen dus hebben ze hem maar mee laten spelen.

Piebe Bakker vertelde dit om het verschil met tegenwoordig aan te geven. Naar zijn zeggen werd er soms een half orkest bijgeleend om maar hoge punten te scoren op het concours, dat was toen dus niet mogelijk.

Piebe Bakker:

'Of de doorsnee amateur nu zoveel beter is geworden, zodat je het verschil tussen de beide niveaus niet meer hoort, of de organisaties hebben geen dwangmiddel om zoiets tegen te gaan. Maar ik vind dat als amateurs op een concours komen, zij ook als dusdanig beoordeeld dienen te worden; voor professionnals gelden andere beoordelingsnormen. Gemengd geeft alleen maar problemen. Zo zat ik eens in Braband in de jury met J.P. Laro, toen dirigent van de Marinierskapel, toen het orkest 'Phileutonia' uit Helmond onder leiding van Anne de Vries het stuk 'Moskwa' speelde. Het was een van de verplichte werken, dus ik had het al vaker gehoord, maar het werd vermeden omdat er een moeilijke es-klarinetsolo in zat. Als een korps het al speelde werd de solo dikwijls op bes-klarinet gespeeld. In het korps van Helmond werd de solo zo schitterend door een es-klarinet gespeeld, zodat ik er dan ook met erg veel waardering over schreef. 'Je vindt het zeker erg mooi', zei Laro op een gegeven moment tegen mij, je schrijft ten minste nogal wat op!'. 'Ja', zei ik, 'zo mooi heb ik deze solo nog nooit gehoord en dan ook nog wel op es-klarinet, wat een muzikant, niet?'. 'Ja', zei Laro vervolgens, 'dat is een hele goeie muzikant, ik hoor hem namelijk iedere dag spelen, want hij speelt bij mij in de Marinierskapel'. Nou, toen heb ik mijn complimenten maar snel doorgekrast, want zo iemand moet dat uiteraard kunnen spelen!'.

Zodoende vertelde Piebe dat hij de laatste jaren voorzichtiger was geworden met het uitdelen van complimentjes: *'Als ik denk dat het om een beroepsmuzikant gaat, schrijf ik er niets over'.* Hij voegde eraan toe dat het inhuren van muzikanten tijdens het W.M.C. in Kerkrade van 1998 zo erg was, dat er orkesten waren die voor meer dan vijftigduizend gulden hadden geïnvesteerd in beroepsmusici om maar een zo hoog mogelijk aantal punten te kunnen behalen!.

Voor hem waren de W.M.C's en de Purmerades de belangrijkste gebeurtenissen. Daarnaast waren er veel nationale en internationale concoursen waaraan hij met veel plezier terug dacht.

Piebe Bakker:

'Het beoordelen van de korpsen en koren in dit verband dat is natuurlijk ook prachtig. Ik heb zelf honderden keren voor concoursen gespeeld, in de Harmonie in Leeuwarden en in bijna alle provincies zijn we wel geweest met de korpsen om op de concoursen mee te dingen naar de prijzen. Later heb ik zelf in de jury gezeten van het WMC in Kerkrade in 1978. Toen dacht ik: 'Ja jongens, aan die kant waar jullie nu staan, daar heb ik ook gestaan'. We hebben daar toen met 'Nij Libben' van Koudum een eerste prijs gewonnen. Dat was vreselijk spannend en nu zit ik aan de andere kant en dan ben je dus minder gespannen. Maar als je mij nu vraagt: vindt je jureren echt leuk?, dan zeg ik: 'ik vind het erg mooi om te doen, maar het heeft een nadeel: je bent alleen maar bezig met kritiek'. Je schrijft dus een heleboel kritische opmerkingen want er is natuurlijk geen tijd om al het positieve op te schrijven, het zijn meestal de kritische punten die aan het licht komen. En als je nou bezig zou zijn met datzelfde orkest voor een band training of met de jeugdstudiedagen, dan kun je niet alleen de diagnose stellen, maar je kunt de therapie ook toepassen.

Je kunt ook direct zeggen: 'Zo moet het eigenlijk en als jullie dit nu doen en dat...'. Kijk, dat vindt ik eigenlijk mooier dan het jureren, want dan kun je het eigenlijk alleen maar vanuit de kritische kant bekijken'.

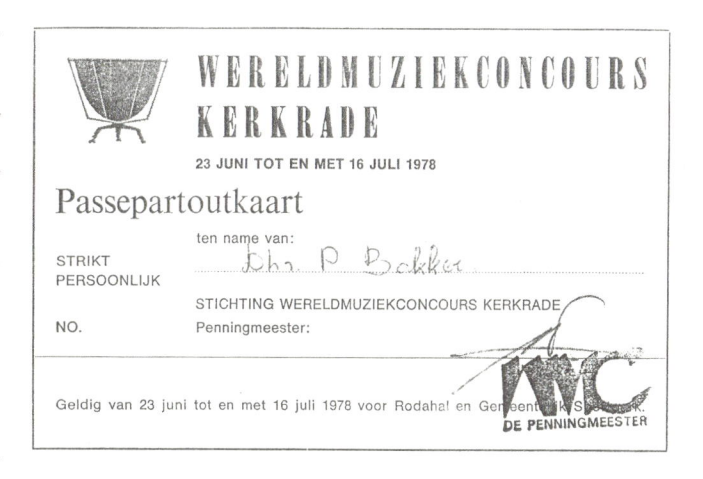

In het grote stadion van Kerkrade tijdens de beoordeling van een marswedstrijd.

Piebe Bakker (midden) op de foto met Jo Conjaerts (rechts).

Tijdens het W.M.C. te Kerkrade in 1978. In het midden dr. All wright.

Rechts: Jean Pierre Laro hij was voorzitter van de jury op het Wereld Muziek Concours in Kerkrade.

SAMENSTELLING JURY.
=====================

CONCERTWEDSTRIJDEN:

Voor de concertwedstrijden zullen 3 juryleden worden benoemd, welke GESCHEIDEN zullen jureren.

VOORSTELLEN M.B.T. DE CONCERTWEDSTRIJDEN:

De Heer Laro   - NLd.
De Heer Claessens   - NLd.
De Heer P. Bakker   - NLd.
De Heer Gabriel   - USA.
Spaans Jurylid,   —
Duits Jurylid.

=====================================

MARS/SHOWWEDSTRIJDEN:

Het WMC-bestuur wil voor de mars/showwedstrijden het aantal juryleden uitbreiden tot 5. (vijf)

VOORSTELLEN M.B.T. DE MARS/SHOWWEDSTRIJDEN:

De Heer Conjaerts   - NLd.
De Heer v. Lijnschooten - NLD. *Laro*

===

Piebe Bakker met Trevor Ford (midden) en Henk van Lijnschooten (rechts).

Piebe Bakker in gesprek met links Jan van Ossenbruggen en rechts Jan de Haan.

Aan de jurytafel met Pierre Kuipers en met Rien Rats (rechts).

De Purmerade

Iedere vier jaar wordt de 'Purmerade' gehouden. Dat evenement duurt een hele week en er nemen een groot aantal jeugdorkesten vanuit de hele wereld aan deel. Op het eerste festival in 1966 zaten Gerard Boedijn en Piet van Mever in de jury. Daarna werd de beoordeling overgenomen door Piebe Bakker en Henk van Lijnschooten aangevuld met Trevor Ford uit Noorwegen. Het drietal jureerde zes maal tot 1990. Soms was hieraan ook nog een solistenconcours verbonden. Het was voor Piebe altijd een spannend avontuur om met de internationale jeugdorkesten te repeteren.

TOP FANFAREMUZIEK

Het feestelijke openingsconcert op 1 augustus 1986 werd verzorgd door het z.g. 'Purmerade Jeugdorkest' de plaatselijke drumfanfare 'Willem Eggert' en het 'Nationaal jeugd Fanfare Orkest'. Over de eerste twee later meer. Onze 'Nationale Fanfare trots' die uiteraard zonder beoordeling meedeed, heeft al meer dan 25 jaar het bewijs geleverd van spel op zeer hoog niveau. Ik heb het orkest zelf al vele malen mogen beluisteren, maar ik moet zeggen dat ze bij dit concert zichzelf overtroffen hebben. En dat met 15 leden die voor het eerst meededen, zo gaat dat nu eenmaal bij een dergelijk orkest en zo moet dat ook gaan. Piebe Bakker pleit voor een orkestklank die gebaseerd is op contrasterende kleuren en niet op een mengklank. In deze, ook naar mijn mening enige juiste benadering, bereikt hij schitterende resultaten die dan hand in hand gaan met perfect samenspel, gave techniek en intense muzikaliteit.

BEOORDELINGSCOMMISSIE
COMMITTEE OF JUDGEMENT
BEWERTUNGSKOLLEGIUM

Concerten:
   Piebe Bakker, Wommels (Fr.)
   Henk van Lijnschooten, H.I.Ambacht

Mars en Show:
   Piebe Bakker, Wommels (Fr.)
   Henk van Lijnschooten, H.I.Ambacht

Secretaresse jury:
   mevr. Gurie Husslage-Rezee, Zaandijk

Lady speaker:
   mevr. Gerie Huisman, Purmerend

Samen met Henk van Lijnschooten op de Purmerade.

Piebe Bakker als dirigent van een internationaal orkest tijdens de Purmerade van 1986.

DE PURMERADE MUZIKAAL BEZIEN

De muzikale verrichtingen van de PURMERADE, ongeveer 25 uur concert- en 6 uur mars en showmuziek, compleet bespreken is natuurlijk een onmogelijke opgave. Ik moet mij dan ook beperken tot een globale beschouwing.

Eerst iets over het algemene muzikale niveau. Dit liep uiteen van elementair samenspel, tot en met het musiceren op professioneel peil. Opmerkelijk is dit niet want de deelnemende orkesten komen uit uiteenlopende muzikale milieu's. Zo zijn er orkesten uit kleine dorpen waar men geheel op een eigen opleiding is aangewezen, maar ook groepen bestaande uit conservatoriumstudenten. Een dergelijke diversiteit maakt een evenement als de Purmerade juist zo interessant. Het maken van vergelijkingen is dan natuurlijk onredelijk, maar dat geeft niet want daar gaat het bij de Purmerade nu juist niet om. Om elke vorm van rivaliteit uit te sluiten is er geen enkel wedstrijdelement aan het festival verbonden. De deelnemers krijgen alleen een opbouwend kritisch verslag, voor de samenstelling waarvan Piebe Bakker en ondergetekende verantwoordelijk waren. De enige opdracht die de deelnemers hebben gekregen is dat zij minstens één werk van een componist uit het eigen land moesten uitvoeren, in een totaalprogramma dat ongeveer 40 minuten moest bedragen.

Purmerade experiment grandioos geslaagd

Geweldige sfeer tijdens muziekhappening

PURMEREND. — De woensdagavond was bestemd voor een concert te geven door het Orchestre de l'Ecole de la Musique des Jeunes „Lubomir Pipkov" uit Sofia - Bulgarijë. Tot veler teleurstelling was dit uitnemend gezelschap verhinderd te komen. In overleg met alle betrokkenen, met name het organisatiecomité van Willem Eggert, de beide juryleden H. van Lijnschooten en P. Bakker (beiden beroepsdirigent) en de bestuurders van de op deze dagen aanwezige orkesten, werd besloten tot een experiment. Van leden, komende uit verschillende orkesten, zou een groot „instant" orkest voor de woensdagavond geformeerd worden, onder leiding van Henk van Lijnschooten en Piebe Bakker.

Gepoogd zou worden in een open repetitie van enkele uren een aantal, voor de meeste muzikanten onbekende, composities in te studeren en na de pauze daarvan een uitvoering te geven. Een bijzonder riskant experiment. Immers het risico van een mislukte avond was aanwezig. Willem Eggert droeg als organisator de verantwoordelijkheid, voor de heren H. van Lijnschooten en P. Bakker stond hun naam als dirigent op het spel.

Hoewel het plan niet in de opzet van de Purmerade was opgenomen en uit nood geboren; het gevolg was dat de intentie van de Purmerade, namelijk de jeugd uit verschillende landen door de muziek nader tot elkaar te brengen en te leren waarderen, juist door dit experiment tot in essentie werd benaderd.

Dat de muziek een uitstekend middel is, om over alle verschillen heen, nader tot elkaar te komen, werd op deze avond ten volle gedemonstreerd. De taalbarrière was nog een obstakel, de beide dirigenten bedienden zich van Engels en Duits gedurende de repetitie, maar moesten ook door geluiden en gebaren proberen de bedoelingen over te brengen. Gelijk Zamenhof dit ondervond en het Esperanto schiep, bleek dat ook de muziektaal universeel is en ieder de ander volkomen begreep.

Uniek

Meerdere malen heeft men in het verleden, op kleinere schaal en met langere repetitietijden, samenvoegingen van enkele orkesten uitgeprobeerd, maar in de vorm en wijze waarop het hier plaatsvond kan gesproken worden van een primeur, van een uniek gebeuren.

Juryleden ambassadeurs van de blaasmuziek
Oog en oor van de Purmerade

PURMEREND. — De 40 harmonie- en fanfarekorpsen, brassbands en show- en drumbands, die deelnemen aan het Purmeradefestival, doen dat niet voor de flauwekul. De Purmerade is dan wel geen wedstrijd, maar er wordt wel degelijk beoordeeld. Henk van Lijnschooten en Piebe Bakker zijn bij elk optreden als juryleden aanwezig om de bands deskundige adviezen te geven.

Tijdens de concerten in De Beukenkamp speelt iedere band een beoordelingswerk. Dit moet beslist een werk uit eigen land zijn. Het mars- en showgedeelte wordt bekeken gedurende optredens op het sportveld van FC Purmerend. Bij de beoordeling gaat het er niet om wie het beste is. „De organisatie vindt dat je aan de Purmerade geen wedstrijdelement moet verbinden. Wij zijn het daar van harte mee eens", zegt Henk van Lijnschooten. Piebe Bakker vult aan: „Dat is maar goed ook. Een wedstrijdelement geeft druk en spanning. Zo musiceert het voor de jongelui veel ontspannender". „Wij geven een schriftelijke beschrijving van wat wij horen. De bands krijgen van ons een rapport mee, dat opbouwend kritisch is en adviserend. Het pedagogische element is hierbij het belangrijkste. De muzikanten moeten er van leren", vindt Van Lijnschooten.

De twee heren zijn niet de eerste de besten. In de internationale muziekwereld zijn zij zeer bekend.

Marinierskapel

Henk van Lijnschooten werd 58 jaar geleden geboren in Den Haag. Hij volgde een opleiding aan het Koninklijk Conservatorium in Den Haag. Toen hij directeur werd van de Koninklijke Marinierskapel, verhuisde hij naar Rotterdam. Daar woont hij nog steeds. „Je kunt wel zeggen dat Van Lijnschooten daarna een ambassadeur van de blaasmuziek is geworden", zegt Piebe Bakker.

Al jaren werken zij samen. „Ik ben zo'n beetje de hele wereld rond geweest om lezingen te houden, congressen bij te wonen en te dirigeren", vertelt de Rotterdammer. Hij is ook componist. Tijdens de Purmerade worden heel wat werken van hem gespeeld. Hij heeft inmiddels zo'n 200 muziekstukken geschreven. Niet alleen onder eigen naam. Drie schuilnamen houdt hij er op na. „Interplay for Band" bijvoorbeeld, dat vrijdagavond door het Purmerade jeugdorkest werd uitgevoerd, is onder een schuilnaam geschreven.

Fries

Piebe Bakker werd in 1929 in Koudum in Friesland geboren. Al ruim twintig jaar is hij dirigent van het Nationaal Jeugd Fanfare Orkest. „Wat ik graag wil is zoveel mogelijk blaasmuziek propageren, in het bijzonder Nederlandse blaasmuziek", zegt hij zelf. Collega Van Lijnschooten vult aan: „Piebe heeft ontzettend veel gedaan aan opleiding en begeleiding van de jeugd. Ook heeft hij veel componisten geïnspireerd tot het schrijven van nieuwe werken door steeds maar ideeën aan te dragen". „Ik heb dan ook een fantastisch medium ter beschikking", vindt Bakker, „het is echt een élite-orkest met geselecteerde jongelui. Via dat orkest probeer ik te inspireren". Bakker geeft ook praktica dirigentencursussen. „Dat is voor mensen die al dan niet zijn afgestudeerd en weer wat opfrissing nodig hebben".

Reistijd

Beide heren zijn iedere dag zo'n twee uur reistijd kwijt om naar Purmerend te kunnen komen. Ze hebben het er graag voor over. „We vinden dit zo positief", zegt Bakker, „de jeugd is zo gedisciplineerd. Hier zul je geen vernielingen zien. Dat komt gewoon door de discipline die wordt aangeleerd in de muziek. Er heerst een enorme teamgeest, het samen iets willen bereiken is heel belangrijk". „Je vraagt je af waarom hier niet meer aandacht aan wordt besteed. Wanneer een voetbalvandaal iets uithaalt, zien we dat 's avonds op Studio Sport. Dit zie je niet op t.v.", zegt Van Lijnschooten.

Over de groepen zijn de heren goed te spreken. „Er is natuurlijk al een soort selectie vooraf. Alleen de besten komen hier. Het kost namelijk bepaald niet niks. Om de komst van een Italiaans orkest mogelijk te maken, heeft het hele dorp gespaard. Als je dat hoort, ben je blij dat je hier bent".

Maar het is ook wel eens anders...

Iedere functie heeft zo zijn voor- en nadelen, zo kom je in je loopbaan als jurylid ook wel eens vreemde dingen tegen....

Piebe Bakker:

'Ik ben een enkele keer wel eens echt woedend geweest, bijvoorbeeld op een concours in het Belgische Knokke. In die tijd dat ik daar moest jureren, waren de prestaties in België niet al te best. Maar je moest dan wel proberen om de norm van puntentoekenning zoal die in de andere landen gelden, hier ook te handhaven. Deed je dat niet, dan wisten buitenlandse orkesten niet wat ze er aan hadden. Het zou met deze orkesten net zo kunnen gaan als met het 'Stedelijk Muziekkorps' van Hindeloopen. Dit korps ging omdat ze dachten dat ze zo goed waren, naar het buitenland op concours. Dat buitenland werd België en ze behaalden daar een eerste prijs met lof van de jury. Dit wilden ze natuurlijk in Friesland ook demonstreren en gingen daarvoor naar Bolsward op concours. 'Nij Libben' van Koudum deed daar ook aan mee, zodoende dat het nog goed in mijn geheugen staat gegrift. Maar daar wonnen ze een kleine tweede prijs wat hen nogal in beroering bracht. Ze gaven de jury de schuld omdat ze dachten dat die van te voren een glaasje had gedronken. Maar om nu op het concours van Knokke terug te komen. Toen ik daar in de jury zat kwam dit gebeuren mij weer te binnen schieten. Ik merkte op een gegeven moment dat de concourscommissie een paar van mijn cijfers had veranderd omdat ik volgens hen te streng was geweest. Ze moesten allemaal wel tenminste een eerste prijs behalen of een eerste prijs met promotie, een eerste prijs met lof of met grootste onderscheiding. Nu, daar deed ik natuurlijk niet aan mee. Nadat de uitslag bekend was gemaakt en ik met hen had afgerekend zei ik tegen de concourscommissaris dat ik vond dat ze voortaan zelf de cijfers maar moesten invullen. Dan hoefden ze niet beslist daarvoor iemand helemaal uit Friesland te halen. Ze hoefden dan ook nooit weer een beroep op mij te doen. Later kreeg ik van hen een brief met de excuses, maar ik ben daar nooit weer geweest om te jureren. Er waren wel eens federaties die de gewoonte hadden om gezamenlijk met alle deelnemende orkesten nog enkele werken te spelen. Je werd dan vaak als jurylid gevraagd dit 'megakorps' te dirigeren. Het was dan soms een hele klus om het samenspel gelijk te houden'.

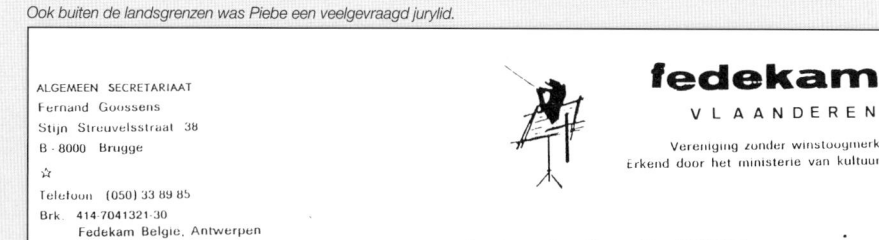

Ook buiten de landsgrenzen was Piebe een veelgevraagd jurylid.

ALGEMEEN SECRETARIAAT
Fernand Goossens
Stijn Streuvelsstraat 38
B - 8000 Brugge

Telefoon (050) 33 89 85
Brk. 414-7041321-30
Fedekam Belgie, Antwerpen

ons kenmerk: nr.81/16/FG -
(steeds te vermelden)
Datum 23.01.81

fedekam
VLAANDEREN
Vereniging zonder winstoogmerk
Erkend door het ministerie van kultuur

Aan de Heer P. BAKKER

Geachte Heer,

Betreft: Landelijk Kampioenschap voor HA/FA/BRA.

Op zondag 24 mei 1981 en eventueel op zaterdag 23 mei 1981 zal het landelijk kampioenschap van Fedekam Vlaanderen voor harmonies, fanfares en brasbands in Oost-Vlaanderen plaatshebben.
De lokaliteit moet nog door het provinciaal Fedekambestuur van Oost-Vlaanderen aangeduid worden.

De landelijke raad van beheer heeft in haar zitting van 17 dezer u aangeduid om als jurylid te fungeren tijdens deze tornierdagen.

Het zou ons aangenaam zijn te vernemen of u deze opdracht wenst te aanvaarden.
Na uw definitieve toezegging wordt u tijdig van het volledig programma ingelicht.

Een spoedig antwoord tegemoet ziende, verblijven wij met de meeste hoogachting,

F.GOOSSENS
Landelijk Secretaris

M. DE LANGHE
Landelijk Voorzitter.

Nationale Katolieke Konfederatie van Belgische Muziekverenigingen -

Beschermheer: Kardinaal L. J. SUENENS

SONMO
STICHTING OVERKOEPELING NEDERLANDSE MUZIEK ORGANISATIES

Sekretariaat: C. M. C M. Blokdijk
Hoge Zijde 33, 4854 AE Bavel
Telefoon 0 1613 - 1547
Giro 299 92 55 t.n.v. SONMO Bavel

Fed. van Katholieke Muziekbonden in Nederland
Stichting Ned. Fed. van Christelijke Muziekbonden
Algemene Ned. Unie van Muziekverenigingen

Ons no.

Uw brief

De Heer P. Bakker,

BAVEL, 28 maart 1984

Mijne Heren,

Via onze European Advisory Counsil de heer Th. Jägers heeft ons het verzoek bereikt van de organisatoren van de European Brass Band Championship om voorstellen te doen aangaande mogelijke juryleden voor genoemde Brassband kampioenschappen.
In vervolg op de SONMO beraadslaging wordt U, indien U hiermee instemt, voorgedragen op 7 mei as te Londen.
Teneinde deze voordracht te onderstrepen wordt U verzocht een korte curriculae vitae te sturen aan het SONMO-sekretariaat, zodat collectief voor doorzending kan worden gezorgd.
Wij verzoeken.U dan ook voor 7 april as een levensbeschrijving te sturen, gebaseerd op muzikale wapenfeiten met pasfoto. Voor de vertaling zal het sekretariaat zorg dragen.
Verblijvend met de meeste hoogachting,

C.M.C.M. Blokdijk,
secretaris

Piebe Bakker was in de vijftig en zestiger jaren van de vorige eeuw meestal een van de jongste juryleden. Maar in 1998 behoorde hij alweer tot de oudsten en kwam bij een nieuwe generatie te zitten, zoals: Rob Goorhuis, Kees Vlak, Ger Buitenhuis, Lex van Diepen, Gert Fokkema en Ger Jansen. Ook met die mensen zei hij: 'kon ik het altijd goed vinden'. Maar de laatste jaren van zijn carrière moest Piebe vaak als voorzitter in het juryteam zitten dat bestond uit jonge musici die destijds nog onder zijn leiding in het Nationaal Jeugdkorps hadden gespeeld, dit waren onder andere: Jan de Haan, Luuk Tuinstra, Dik Bolt en Rein Niemeyer. Toen besloot hij om er in 1998 mee te stoppen en het jureren over te laten aan deze jongere generatie.

Van links naar rechts: Gurie Husslage, Rob Goorhuis, de voorzitter van de Noord-Hollandse bond en rechts: Kees Vlak.

Commissielid (1960-1989)

Naast het leiden van verschillende korpsen en het Nationaal Jeugdkorps heeft Piebe Bakker ook nog een aantal jaren zitting genomen in de Raad voor de Kunst. We zien dat hij zich helemaal inzet om de amateuristische blaasmuziekbeoefening nu ook landelijk naar een hoger peil te brengen. Nogmaals kunnen we zeggen dat de amateuristische blaasmuziekwereld veel aan hem heeft te danken. Hieronder kunnen we lezen hoe hij hier zoal terecht kwam en waaruit zijn functie bestond. Piebe Bakker vertelde het volgende:

'Toen ik mij in de vijftiger jaren inzette voor de korpsen, kreeg ik al snel in de gaten dat als we in de provincie Friesland het niveau van de korpsen wilden verbeteren, we eerst zorg moesten dragen voor een betere opleiding van de korpsmuzikanten. Ik nam toen daarvoor contact op met mevrouw Faber-Hornstra, het hoofd van de Cultuurraad in Friesland. Zij stond helemaal achter deze aanpak en zo zetten we, samen met collega Sierd de Boer, de schouders eronder. We hebben toen nieuwe methodes gemaakt voor jonge korpsmuzikanten en zijn in heel Friesland begonnen met het geven van cursussen. Dat werd een groot succes!

Uit deze cursussen, die georganiseerd werden door de Cultuurraad, zijn later de meeste muziekscholen in de Friese provincie ontstaan. Al snel bleek dat er ook landelijk beter aangepaste reglementen nodig waren voor de muziekexamens. 'Dan kunt u mooi in die landelijke commissie zitten om dat mee voor te bereiden', zei mevrouw Faber-Hornstra toen tegen mij en daar begon het mee: de eerste commissie!

De reglementen voor de concoursen moesten ook nodig worden bijgesteld en er moest worden gesproken over repertoirevernieuwing van de korpsen waarbij ook de jaarlijkse verplichte concoursmuziek aangewezen moest worden. Voor al deze zaken werd besloten tot de oprichting van de S.O.M.N.O.-stichting (Stichting Overkoepeling Muziek Organisaties) en dat werd voor mij de tweede commissie.

De vier landelijke federaties: de K.N.F., de A.N.U.M., de N.F.C.M. en de K.N.F.M. dienden een verzoek in aan het ministerie om voor hen een bureau, een informatiecentrum, op te zetten. Voorheen werd dat organisatorische werk bij de federaties afzonderlijk hoofdzakelijk gedaan door een aantal vrijwilligers, maar een nieuw bureau zou dan worden gerund door geschoold personeel. Het ministerie ging akkoord met dat voorstel en toen werd daarvoor in Utrecht het R.I.M. (Repertoire Informatie Centrum) geopend, een centrum voor de amateuristische muziekbeoefening. Het hoofdbestuur bestond uit vertegenwoordigers van alle onderdelen: Frans Wolfkamp vanuit het muziekonderwijs, Jan Eelkema vanuit de koorwereld en ik vanuit de korpswereld. Hieruit kwamen steeds meer dingen voort waar je uit goed fatsoen maar moeilijk onderuit kwam.

Zo moest er ook een professionele opleiding voor dirigenten komen en er moest worden gezorgd voor opdrachten aan Nederlandse componisten. Niet alleen voor nieuw repertoire maar ook het repertoire zélf moest vernieuwend zijn; aangepast aan de verdere ontwikkeling van de korpsmuzikanten en het moest bovendien worden geschreven in het klankidioom van de moderne tijd. Hiervoor kwam toen het C.N.M. (Centrum Nederlandse Muziek) in Hilversum. Omdat Van Lijnschooten ergens anders een functie kreeg, werd ik zijn opvolger als coördinator voor Ha/Fa/Bra- zaken in de provincie Gelderland. Dat behelsde onder andere het organiseren van jeugdweekenden, dirigentendagen, play-in's enzovoort.

Ik kwam toen ook in het bestuur van de provinciale bibliotheek, omdat men daarin een eigen muziekuitleen wilde hebben, de M.U.G. (Muziek Uitleen Gelderland) waar korpsen hun hele repertoire konden lenen. Dit was nogal bewerkelijk allemaal, iedere week moest ik hiervoor naar Arnhem. Toen ik daarna ook nog terecht kwam in de 'Raad voor de Kunst' in Den Haag, een adviesorgaan van de minister van cultuur, destijds minister Brinkman, zat ik iedere week of in Utrecht, in Hilversum of Den Haag. Elf bestuursfuncties was wel wat teveel van het goede, maar ik had één groot ongeluk: ik kon slecht 'nee' zeggen.

Toch moet ik hier onmiddellijk aan toevoegen dat ik dankzij deze functies landelijk veel vrienden heb gekregen zoals Theo Olof, Harry de Groot, Karoliene Kaart en Anton Kersjes. Mensen die je nou één twee drie niet meteen tegen zou komen in de HaFa- wereld. Er kwamen zo langzamerhand nogal wat instanties bij die mij vroegen zitting te nemen in de vele examencommissies. Dit betroffen zowel eindexamens van de afdeling orkestdirectie van de conservatoria als examens van muziekscholen en dan in de functie van inspectie van het muziekonderwijs. Ik was dus op die gebieden vaak veel onderweg!.

Met al dat huiswerk wat hiermee beschoren was, werd het me na een goed jaar toch wel iets teveel en heb ik geprobeerd langzamerhand wat te gaan afbouwen. Op zich was het prachtig werk en als organisator heb ik er ontzettend veel van geleerd.
Maar ook de plaatselijke bestuursfuncties heb ik niet vermeden.
Zo hebben we in Koudum het cultureel centrum 'De Klink' opgericht. We gingen hiervoor naar Den Haag en de maandelijkse bijeenkomsten in 'De Klink' waren voor mij de krentjes in de pap. Met veel plezier heb ik ongeveer twintig jaar in het dagelijks bestuur gezeten. Ook als lid van de sociaal-culturele raad van de gemeente Hemelumer Oldeferd heb ik geprobeerd om ook in de Zuidwesthoek van Friesland een aantal culturele manifestaties te bewerkstelligen. Al met al heb ik aan die bestuursfuncties de beste herinneringen'.

In gesprek met prominenten.

De amateuristische muziekbeoefening is van oudsher een belangrijke factor in de muzikale cultuur van ons land.
Zij brengt brede lagen van de bevolking op actieve wijze in contact met de kunsten. Ontelbare koren en orkesten getuigen daar wekelijks van. Uit het feit dat ook voor jonge mensen het zingen of bespelen van een instrument een vaak en graag beoefende vorm van vrijetijdsbesteding is, mag men afleiden dat het amateurisme nog steeds deze rol vervult.
Maar ook bepalen de muziekamateurs mede de muziekcultuur.
Zou er ooit sprake zijn geweest van een passie-traditie zonder de initiatieven uit de koorwereld, of zouden zonder de wereld van de blaasmuziek, onze orkesten zulke eminente, Nederlandse bezettingen van hun blaassectie hebben gekend?

Door de toenemende professionalisering van de kunsten in de afgelopen decennia is het belang van het amateurisme als cultuurdragende en -bepalende kracht wel eens onderschat. Ik stel mij op het standpunt dat de amateuristische kunstbeoefening een onmisbaar onderdeel uitmaakt van het kunstbeleid.
In dat kader zijn de afgelopen jaren, in samenwerking met de landelijke organisaties, een aantal instituten in het leven geroepen die tot taak hebben de amateuristische muziekbeoefening in artistieke zin te ondersteunen.
Het Repertoire Informatiecentrum Muziek zal in dit kader informatie over het repertoire voor alle sectoren gaan verzorgen.
De geest waarin dit instituut zijn werk zal verrichten is terug te vinden in de opzet van deze dag: inventief, avontuurlijk, enthousiasmerend en direct gericht op de amateur en zijn liefde voor de muziek.
Want betekent amateur immers niet liefhebber?

mr drs L. C. Brinkman
minister van Welzijn, Volksgezondheid en Cultuur

Concert in het kader van de opening van het RIM. Piebe Bakker concerteerde daar met het N.J.F.O. en Jan Cober met het N.J.H.O.

Met het RIM is in Nederland een nieuwe organisatie tot stand gekomen die zich richt op verbreding en vernieuwing van het muziekrepertoire. Daartoe zullen collecties van bladmuziek en geluidsopnamen worden opgebouwd, die het internationale aanbod van kwalitatief hoogwaardige en voor amateur-ensembles geschikte composities zo volledig mogelijk weerspiegelen. Deze collecties zullen op geautomatiseerde wijze worden ontsloten, zodat de toegankelijkheid ervan optimaal is.

De activiteiten zullen echter niet alleen gericht zijn op het verzamelen van dit materiaal. Bovenal zal het RIM ernaar moeten streven de muziek haar weg te doen vinden in de praktijk.
Bij deze eerste presentatie van het RIM ligt het accent dan ook op het actieve musiceren, zowel tijdens het RIM-festival in het Muziekcentrum Vredenburg als tijdens de officiële opening. Het bestuur van het RIM wil hiermee tot uiting brengen dat dit nieuwe instituut vooral moet worden beschouwd als hulpmiddel voor de muziekpraktijk, ten dienste van alle musicerende amateurs die zich willen verdiepen in het minder bekende repertoire.

Het bestuur van het RIM stelt het bijzonder op prijs dat de minister van Welzijn, Volsgezondheid en Cultuur, mr drs L. C. Brinkman, het RIM officieel opent.
Graag spreekt het op deze plaats zijn dank en waardering uit voor de wijze waarop zijn ministerie de ontwikkeling van het RIM mogelijk heeft gemaakt.

Indien deze eerste RIM-presentatie ertoe bijdraagt dat muzikanten met plezier nieuwe muzikale paden betreden, kan zij als geslaagd worden beschouwd.

Bestuur van het RIM:
Dagelijks bestuur:
Voorzitter: Frans Wolfkamp
Penningmeester: Piebe Bakker (SONMO)
Secretaris: Jan Eelkema (SNK)
Algemeen bestuur:
M. Baggerman-Jaanus (VNK)
Do Herckenrath (LOAM)
Bert van Jaarsveld (VLS)
Hans ter Waarbeek (SOM)
Klaartje Kocken (LOAM)

onder leiding van Jan Cober

PROGRAMMA
1. **Aram Khatchaturian (1903-1978)**
   Les Ghinkas
2. **Jerry Goldsmith (geb. 1936)**
   The Wind and the Lion
3. **Leonard Bernstein (geb. 1918)**
   Time Square

onder leiding van Piebe Bakker

PROGRAMMA
1. **Louis Andriessen (geb. 1939)**
   Monuments of the Netherlands
2. **Henk van Lijnschooten (geb. 1928)**
   Four Characters
3. **Meindert Boekel (geb. 1914)**
   Scherzo

Gezamenlijke repetitie Nationaal Jeugd Fanfare Orkest en Koninklijke Harmonie "Sophia's Vereeniging" Loon op Zand onder leiding van Piebe Bakker en Jan Cober: *Music for a Festival* van Gordon Jacob.

RIM NIEUWS

WISSELING VAN DE WACHT BIJ HET RIM

Als vertegenwoordiger van de HaFaBra-wereld is de heer Piebe Bakker sinds 1980 actief geweest als lid van het Dagelijks Bestuur van ons landelijk Repertoire Informatiecentrum Muziek (RIM).
Hij stond aan de wieg van het RIM en heeft bijzonder actief meegewerkt aan de totstandkoming en invulling van ons informatiecentrum.

Hij functioneerde binnen het RIM als de grote HaFaBra-motor en gaf enerzijds zijn heldere en verrijkende visie over beleidszaken en bleek anderzijds een grote stimulator van de blaasmuziek.
Mede hierdoor kreeg de HaFaBra een ruime plaats binnen het RIM.
Het RIM wil daarom via deze weg nogmaals zeggen: "Piebe, bedankt voor je fantastische inzet, welke nooit in eigen belang, maar altijd in het belang van de blaasmuziek is geweest."

Door dit afscheid van Piebe Bakker zijn er enkele nieuwe gezichten binnen het RIM gekomen.
De heer J.P. Laro maakt nu deel uit van het Algemeen Bestuur, terwijl de heer Harm Wondaal in het Dagelijks Bestuur is toegetreden.
Het is beide heren volledig toevertrouwd de belangen van de HaFaBra-wereld op een positieve en deskundige wijze te behartigen.

Het RIM is, onder andere door haar uitgebreide partituren-bibliotheek, uitgegroeid tot een functioneel Repertoire Informatiecentrum en dit geldt zeer zeker voor de sector Blaasorkesten.

Gert Bomhof
Muziekmedewerker
Blaasorkesten en Drumbands

stichting wereldmuziekconcours kerkrade nederland

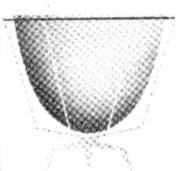

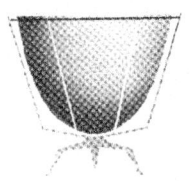

De Weledele Heer P. Bakker,

uw kenmerk	uw brief van	ons kenmerk	bijlagen	onderwerp
your reference	your letter	our reference	enclosures	subject
		AC/TK/1460		felicitatie

Kerkrade, 4 december 1979

Geachte Heer Bakker,

Uit de Muziekbode vernamen wij dat U bent benoemd tot lid van de Raad voor de Kunst.

Het Bestuur van de Stichting Wereld Muziek Concours Kerkrade wil U alsnog langs deze weg van harte feliciteren met deze benoeming.

U nog veel succes toewensend voor de toekomst, verblijven wij inmiddels met gevoelens van de meeste

hoogachting,

Stichting Wereld Muziek Concours Kerkrade,

(Th. Kadel. adm. medewerkster)

Beschermheer: Zijne Koninklijke Hoogheid De Prins Der Nederlanden. Kantoor: Markt 9, Kerkrade, Tel. (045)-455000.
Postadres: Stichting Wereld Muziek Concours Kerkrade, Postbus 133, 6461eb Kerkrade.
Bank: Algemene Bank Nederland - Kerkrade rek.nr.5777.40377

WIJ BEATRIX, BIJ DE GRATIE GODS,
KONINGIN DER NEDERLANDEN,
PRINSES VAN ORANJE-NASSAU,
ENZ. ENZ. ENZ.

Besluit van
11 JUNI 1981
nr.

inhoudende ontslag en benoeming
van vijf leden van de Raad
voor de Kunst.

Op de voordracht van Onze Minister van Cultuur, Recreatie
en Maatschappelijk Werk van 10 juni 1981,
Directie Kunsten nr. U 203.990;

Gelet op de artikelen 7 en 8 van de Wet op de Raad voor de
Kunst 1977 (Stb. 1977 364) en op artikel 3, eerste lid,
van het Besluit Raad voor de Kunst 1977 (Stb. 1978, 556);

HEBBEN GOEDGEVONDEN EN VERSTAAN:

Artikel 1

Te rekenen van 1 september 1980 worden de heren
G.R. Sluizer te Amsterdam, Dr. J. Kunst te Amsterdam,
G.A. van Aarle te Hattum, P. Bakker te Koudum en mevrouw
F. van Dijk-de Bloeme te Krimpen a/d IJssel op hun verzoek
eervol ontslagen als leden van de Raad voor de Kunst, onder
dankzegging voor de in deze functie verleende diensten.

Artikel 2

Te rekenen vanaf 1 september 1980 worden de heren
R. Houwer te Amsterdam, H. Focking te Arnhem, O. Ketting
te 's-Gravenhage, W.J. Raymakers te Lent en P.C. Heuwkemeyer
te Amsterdam benoemd tot leden van de Raad voor de Kunst.

Onze Minister van Cultuur, Recreatie en Maatschappelijk Werk is belast met de uitvoering van dit besluit, waarvan mededeling zal worden gedaan in de Nederlandse Staatscourant en waarvan afschrift zal worden gezonden aan de Algemene Rekenkamer en aan de belanghebbenden.

Lage Vuursche, 17 juni 1981

[getekend]

De Minister van Cultuur, Recreatie
en Maatschappelijk Werk

[getekend]

MINISTERIE VAN CULTUUR, RECREATIE EN MAATSCHAPPELIJK WERK

De heer P. Bakker

uw brief : kenmerk: K/AZ U 207.635 Rijswijk, 2 0 JULI 1981

onderwerp: Raad voor de Kunst gebouw: H

Geachte heer Bakker,

Naar aanleiding van uw verzoek om ontslag als lid van de Raad voor de Kunst zend ik u hierbij een afschrift van het Koninklijk besluit van 17 juni 1981, nr. 1, waarbij u het gevraagde ontslag wordt verleend.

Ik betuig u mijn erkentelijkheid voor de door u in deze functie bewezen diensten.

De Minister van Cultuur, Recreatie
en Maatschappelijk Werk,
namens de Minister,
het plv. Hoofd van de Directie Kunste,

(W.W. Peters)

Correspondentie uitsluitend richten aan het postadres, met vermelding van de datum en het kenmerk van deze brief.

Postadres: Postbus 5406
2280 HK RIJSWIJK
Tel.: (070) 94 93 93 / 94 92 33

Bezoekadressen:
BC = Sir W. Churchilllaan 366.
H = Sir W. Churchilllaan 362.

M = Steenvoordelaan 370.
N = J. C. v. Markenlaan 5.

De departementsgebouwen bevinden zich op een afstand van circa 5 minuten lopen van station Rijswijk.

CRM 210 - 012298LCS

SONMO
STICHTING OVERKOEPELING NEDERLANDSE MUZIEK ORGANISATIES

Sekretariaat: C. M. C. M. Blokdijk
Hoge Zijde 33, 4854 AE Bavel
Telefoon 0 1613 - 1547
Giro 299 92 55 t.n.v. SONMO Bavel

Fed. van Katholieke Muziekbonden in Nederland
Stichting Ned. Fed. van Christelijke Muziekbonden
Algemene Ned. Unie van Muziekverenigingen

Ons no.

Uw brief

De Heer P. Bakker,

BAVEL, 27 februari 1981.

Mijne Heren,

Bij deze nodig ik U uit deel te nemen aan de commissievergadering eisen en reglementen in relatie tot het Raamleerplan Hafabra. Deze bijeenkomst zal worden gehouden op
donderdag 12 maart 1981
in een der zalen van   Poort van Kleef, Mariaplaats 7
Utrecht.

Aanvang der vergadering: 10.00 uur

Verblijvend met vriendelijke groeten,

C.M.C.M. Blokdijk,
secretaris.

MINISTERIE VAN WELZIJN, VOLKSGEZONDHEID EN CULTUUR

Aan de kandidaat-gecommitteerden voor de
examens, welke worden afgenomen volgens
het raamleerplan harmonie- en fanfare
opleidingen.

INSPEKTIE KUNSTZINNIGE VORMING

sektor muzikale vorming

uw brief :   kenmerk: M 83/1070   Rotterdam, 2-9-1983

onderwerp :

Dames en heren,

U behoort tot degenen, die aan de Minister van W.V.C. zullen worden
voorgedragen om te functioneren als gecommitteerde bij bovengenoemde
examens.

Een aantal onder U heeft vooruitlopend op deze benoeming reeds als
zodanig examens bijgewoond.
Ik heb er behoefte aan, alvorens U definitief voor te dragen, met U
van gedachte te wisselen over alle facetten van bedoelde functie.

Op 28 september (woensdag) zal ik U graag ontmoeten voor een bespre-
king als boven bedoeld.
Deze vindt plaats om 10.00 uur in de bovenzaal van het Repertoire
Informatie centrum Muziek, Drift 23 te Utrecht.
Het R.I.M. ligt in het hartje van de stad even voorbij het Janskerkhof.

Mocht U van mijn uitnodiging gebruik willen maken, dan verzoek ik U
bijgaande strook aan mijn bureau te sturen.
De heer J. van Opstal, beleidsmedewerker bij de afdeling KV/AK van het
Ministerie van W.V.C., zal bij de bespreking aanwezig zijn.

Met vriendelijke groeten
en alle hoogachting,

A.J.M. Smeets.

Bijlagen:

rrespondentie uitsluitend richten aan het postadres, met vermelding van de datum en het kenmerk van deze brief.

SCHIEKADE 189   3013 BR ROTTERDAM   TELEFOON 010 - 12 36 96

214437LC

Bond van Orkestdirigenten in Nederland

Opgericht 10 juni 1928 te Amsterdam
Goedgekeurd bij Koninklijk Besluit
dd. 3 april 1975 - no. 58

Aangesloten bij de
Ned. Toonkunstenaarsraad

Rechtskundig adviseur:
Mr. J. S. Verspyck Mijnssen
Prinses Irenestraat 59, Amsterdam-Z.

Sekretaris
J. G. VAN BEEK
Kievitsweg 58
Tel. 01804-12964

Ridderkerk, 21 april 1979

De heer P. Bakker,

Geachte heer Bakker,

    Door het Hoofdbestuur wprdt een lijst samengesteld van examinatoren voor het afnemen van de examens voor het diploma directie HaFa van de Bond van Orkestdirigenten.
    Wij zijn voornemens u op deze lijst te plaatsen, zodat we in voorkomend geval een beroep op u kunnen doen. Zonder uw tegenbericht nemen wij aan, dat u hiertegen geen bezwaar hebt.
    Voor eventuele informatie gelieve u zich te wenden tot de algemeen voorzitter, de heer J.P. Laro.

Met hartelijke groet,
namens het Hoofdbestuur,

Joost van Beek
alg. secr.

stedelijke muziekpedagogische akademie

schrans 44   8932 NE leeuwarden
telefoon 05100 - 31268

direkteur:
wim d. van ligtenberg

De heer P. Bakker,

ons kenmerk: L/H/81/415.085
uw kenmerk: leeuwarden, 12 juni 1981.
uw brief:
onderwerp: eindex.

Geachte heer Bakker,

Mede namens de bij de eindexamens betrokkenen, bedank ik u vriendelijk voor het feit dat u dit jaar zitting hebt willen nemen in een van onze eindexamencommissies.

Uw inbreng en collegiale samenwerking werd door ons zeer op prijs gesteld.

Met vriendelijke groet,

hoogachtend,

Wim, D. van Ligtenberg,
direkteur.

stedelijk conservatorium groningen

direkteur:
chris verhoog
adjunkt-direkteur:
jenne meinema

sint jansstraat 9
9712 JM groningen
telefoon 050-184210

De Heer P. Bakker,

groningen, 21 mei 1981.

Geachte heer Bakker,

Tot mijn genoegen vernam ik dat u zich bereid hebt verklaard om zitting te nemen in de examencommissie P.H.F. op maandag 15 juni a.s.
Hiervoor mijn hartelijke dank.
Als vergoeding (volgens de rijksnorm) mag ik u een bedrag van ƒ 90.-- vacatiegeld aanbieden en reiskosten 2e klasse openbaar vervoer.
Een dagstaatje van de examens alsmede een declaratieformulier vindt u hierbij ingesloten.

Met vriendelijke groet,
STEDELIJK CONSERVATORIUM GRONINGEN

Chris Verhoog, direkteur.

Bijlagen: 2.

---

onderwerp : examen P.H.F.
nummer :
uw brief d.d. :
ons nummer : U 131/81 WA

MINISTERIE VAN CULTUUR, RECREATIE EN MAATSCHAPPELIJK WERK

Nationaal Jeugdkorps
t.a.v. de heer Piebe Bakker
Directeur Muziekschool
K o u d u m

uw brief

onderwerp Compositie-opdracht
Rob Goorhuis

kenmerk
K/MD U-176.712/2

Rijswijk, Steenvoordelaan 370, tel. 070-94 92 33

1 9 DEC. 1977

Geachte heer Bakker,

Met verwijzing naar uw brief van 6 december 1976 en instemmende met het advies van de daarbij betrokken commissie, is het mij een genoegen u mede te delen, dat ik de heer Rob Goorhuis, wonende Otseln 28 te Werkhoven, heb uitgenodigd een opdracht te aanvaarden tot het componeren van een werk ten behoeve van het Nationaal Jeugdkorps.

Ik heb de heer Goorhuis gevraagd zich voor de uitvoering van deze opdracht met u in verbinding te stellen.

Voor de goede orde voeg ik hieraan nog toe, dat ik de heer Henk van Lijnschoten een andere opdracht heb aangeboden.

De Minister van Cultuur, Recreatie
en Maatschappelijk Werk,
namens de Minister,
het Hoofd van de Afdeling
Muziek en Danskunst,

(Mr. J.A. Brester)

bijlagen
CRM 210
609069F

De jeugdstudiedagen (1970-1995)

Het vaste koppel: v.l.n.r. Henk van Lijnschooten, Wim Vos en Piebe Bakker.

Piebe Bakker over de jeugdstudiedagen:

'En dan denk ik wel eens. Er zijn zoveel facetten die ik zo mooi vind aan mijn werk. Die hele opbouw van de jeugd. Wat er landelijk gebeurt. Vroeger was het zo dat harmonie en fanfarekinderen uit een bepaald laag van de bevolking stamden. Maar dat is tegenwoordig niet meer zo. De mensen waarvan men zei dat die viool of piano moesten spelen, die zeiden nu vanuit zichzelf dat ze graag klarinet of trompet wilden spelen. Je krijgt dus te maken met een hele andere categorie jongeren die zich interesseren voor de Harmonie en Fanfare dan voorheen het geval was. Ik wil daar helemaal niets van zeggen, dat het vroeger slechter was dan tegenwoordig. Ze hebben nu een heel andere aanpak nodig. Je bent er niet meer klaar mee door ze bij wijze van spreken een oefenboekje mee naar huis te geven en te zeggen: 'redt je er maar mee'. Nee, ze hebben een klein beetje een wetenschappelijker begeleiding nodig. Nou, dat vind ik nou weer mooi om me daar helemaal in te verdiepen en om daar kanalen voor aan te boren en om die jongeren dan bij elkaar te brengen bij de jeugdstudiedagen. Zodoende heb ik ook meegewerkt aan een Raamleerplan vanuit het CRM om die hele HAFA-opleiding een heel andere vorm te geven. Een klein voorbeeldje daaruit: de receptieve vorming. Dat het ontwikkelen van een muzikant, zodat hij precies weet wat hij nou speelt, waar hij mee bezig is. Daar bedoel ik ook mee het voorstellingsvermogen als hij een stuk muziek voor zich krijgt. Achtergrondinformaties: wat doe ik precies. Analyse: wat gebeurt er in die muziek. Nou dan had men vroeger gezegd: "wat heeft dat nou met muziek te maken, als we het maar kunnen spelen dat is het belangrijkste. Om me daar nu voor in te zetten en die jeugd de kennis bij te brengen en ze te stimuleren, nou dat vind ik schitterend!

Henk van Lijnschooten begon met dit soort dagen en had hiervoor kennis opgedaan bij Hans Lussenburg jr. De eerste studiedagen werden gehouden in Gelderland in jeugdherberg 'Alterveer' in Arnhem en ik moet zeggen dat het meteen een groot succes was. De weekenden waren bedoeld voor de jeugd van zo'n twaalf tot achttien jaar oud. Zo kwamen ze op vrijdagmiddag aan, bleven twee nachten en vertrokken dan weer op zondag, na het slotconcert. De nachten waren soms zwaarder dan de repetitiedagen, maar meestal hadden we goede huishoudelijke hulpen van de SAMO-bestuursleden en hun echtgenotes. Na een aantal jaren werden de studieweekenden zo populair dat het fenomeen ook oversloeg naar de overige provincies. Eerst in Driebergen (Utrecht), toen kwam Bladel (Braband), 'Ockenburg' in Den Haag (Zuid-Holland), 'Klein Rinnegom' in Bakkum (Noord-Holland), 'IJsselstein' in Hattem en 'De Grote Beer' in Apeldoorn (Gelderland), 'Het Klooster' in Zenderen (Overijsel), 'De witte bergen' in Assen (Drenthe), 'Het Tehuis' in Groningen en jeugdherberg 'Oer 't Hout' in Grou (Friesland).
Ik zou niet kunnen gissen naar het aantal weekenden dat we hebben gehad, maar één ding is zeker, het waren er heel wat!.

In eerste instantie werkten we altijd met een vast koppel: Henk van Lijnschooten, Wim Vos en ik. Maar al snel moesten we naar assistenten zoeken, collega's die dit werk ook ambieerden omdat het voor ons drieën teveel werd. Het was apart werk waar niet zomaar iedere musicus tussen paste, ze moesten met jeugd kunnen omgaan, vlot kunnen repeteren en beslist over de nodige pedagogische kwaliteiten beschikken. Later kwamen hier onder meer bij: Frans Vreugdenhil, Hennie Fransen, Dick Koster en in Friesland Nico Sieffers en Tseard Verbeek. Verder werkten we ook wel eens met buitenlandse collega's.
Henk van Lijnschooten zorgde altijd voor wat nieuwe muziek en verwerkte hierin de nieuwste ontwikkelingen zoals onregelmatige maatsoorten, maatwisselingen en nogal kruidige akkoorden om daar alvast wat aan te wennen. Voor de jeugd waren dit zeer leerzame dagen en wij kregen steeds meer handigheid in het instuderen en de kennisoverdracht aan deze jeugd. 's Zondags, tijdens de slotconcerten was de uitslag altijd verwonderlijk, zoveel verschillende stukken in zo'n korte tijd te hebben ingestudeerd. Mankeerde er tijdens de repetities er eens iets aan een instrument, dan was Wim Vos altijd de man die zoiets als geen ander kon repareren. Hij had altijd een koffertje met gereedschap daarvoor bij zich. Mijn taak was altijd om de muzikanten te voorzien van de juiste partijen voor wat betrof stemming, sleutel en speelhoogte en welke partij ze konden spelen: eerste, tweede of derde partij. Aan het begin van de repetitie had ik dan de juiste map op de lessenaars liggen. Zo had ieder zijn eigen onderdeel en dat werkte tijdens zo'n weekend erg vlot. We hebben dit werk verscheidene jaren volgehouden en hebben ook hieraan veel vrienden overgehouden in het land'.

Wat ik mij als muzikantje tijdens de studiedagen in Grou nog goed herinner is hoe zorgvuldig Piebe met de muziek omging. Hij zei dan altijd: 'Jongens en meisjes, jullie denken er wel om dat jullie die mappen met muziek niet op de grond leggen tijdens de pauzes, maar dat jullie ze achter de ijzers van jullie lessenaars zetten!'. Ook gingen we in de pauzes meestal even een eindje wandelen met de hele groep en 's avonds moesten de muzikanten verplicht corveeën in de herberg. Ja, tijdens de studiedagen in Grou werd je door Piebe Bakker niet met rust gelaten!. Alles was altijd tot in de puntjes georganiseerd, zelfs 's avonds onder het eten. Zo zat ik eens met Piebe Bakker, Tseard Verbeek en een medemuzikant aan tafel te eten. De maaltijd was bijna afgelopen en er zou na die tijd even worden gedankt. Voordat het zover was zei Piebe Bakker dat hij wel erg veel zin had in een toetje en gaf ons tweeën de opdracht om tijdens het danken de borden alvast weg te brengen en het toetje voor hem op te halen. Braaf als wij toen waren deden we dat natuurlijk. Toen hij zag dat zijn plan slaagde, moest hij daar dan ook hartelijk om lachen!.

Muzikaal weekend in de jeugdherberg

ARNHEM — Honderd jongens en meisjes uit Gelderland musiceren er dit weekeinde lustig op los in de jeugdherberg in Arnhem. De jeugdige muzikanten, in leeftijd variërend van dertien tot en met achttien jaar gaan onder deskundige leiding proberen om op plezierige wijze met elkaar leren muziek te maken.

De leiding bestaat uit de heren H. van Lijnschoten uit Rotterdam, P. Bakker uit Koudum (Friesland) en W. Vos, eveneens uit Rotterdam. De heer Van Lijnschten is onder de liefhebbers van fanfare- en harmoniemuziek 'n goede bekende. Eén van zijn belangrijkste wapenfeiten is zijn dirigentschap bij de Koninklijke Nederlands Marinierskapel, een taak die hij van 1957 tot en met 1965 heeft vervuld.

„Het hoofddoel van dit weekeinde is met de muziek bezig te zijn, dus studeren. Daarnaast doen we natuurlijk ook veel aan ontspanning. Wandelen, sporten en zaterdagavond hebben we een zogenaamde gevarieërde avond. Zondagmiddag is er het slotconcert, waar ook de ouders van de kinderen naar mogen komen luisteren. Maar dat is niet het belangrijkste dit weekeinde", aldus de heer Van Lijnschoten. Hij is ook de grondlegger van deze studieweekeinden van leerlingen van harmonie- en fanfarekorpsen.

Er zijn vier van deze bijeenkomsten per jaar. In Gelderland bestaan deze instructieve weekeinden reeds vier jaar. Ze worden georganiseerd in samenwerking met de afdeling Gelderland van de Sonmo (Stichting overkoepelende Nederlands muziekorganisaties). In deze stichting zijn opgenomen de katholieke federatie, de koninklijke federatie, de algemene unie van muziekverenigingen en de christelijke federatie.

De jongeren gaan niet alleen in een groot orkest van honderd muzikanten spelen. Er wordt ook aandacht besteed aan 't musiceren in kleinere groepjes, iets waar ze volgens de organisatoren in hun eigen korps niet zo vaak aan toekomen.

Naast deze jeugdbijeenkomsten, wordt er 11 december ook een play-in voor oudere muzikanten georganiseerd. Ook voor deze muzikale dag komen de deelnemers uit heel Gelderland.

Een prachtige foto genomen tijdens de jeugdstudiedagen in Grou in de kerstvakantie van 1981.

Bij zijn afscheid in 1995 in Grou, kreeg hij als herinnering een 'Piebafoon' mee naar huis.

Bij afscheid jeugd-muziekstudiedagen

Piebe Bakker laakt karigheid provincie

EIZE DE BOER

Grou – 'Piebe! Piebe! Piebe!' Onder luid gejuich nam dirigent Piebe Bakker gisteren afscheid in de Doopsgezinde Kerk te Grou. Provinciale zuinigheid heeft Bakkers besluit om te stoppen versneld.

Na 25 jaar stopt Bakker als leider van de jaarlijkse jeugdstudiedagen voor jonge muzikanten. Tevens zet hij een punt achter het leiderschap van het door hem op de rails gezette Friese jeugdharmonie-orkest.

Het gebeurde in de Doopsgezinde Kerk te Grou. Daar toonden deelnemers aan de deze week gehouden jeugdstudiedagen wat ze in twee dagen leerden. De studiedagen, of eigenlijk weekeinden, worden twee keer in de kerstvakantie gehouden. Tot vorig jaar bestond zo'n weekeinde uit drie dagen, maar vanwege het inkrimpen van de provinciale subsidie moest dat met een dag worden gekort.

De in Wommels wonende Bakker was 25 jaar geleden de initiator van de muziekweekeinden in Grou. Bakker (66) heeft de leeftijd om te stoppen, maar als alles bij het oude was gebleven, was hij waarschijnlijk doorgegaan. Met het, wegens de provinciale karigheid, noodgedwongen bekorten van de studieweekends werd bij Bakker een gevoelige snaar geraakt. "Dizze wykeinen ûntaardzje no yn it ynstudearjen fan in stikje en dêr binne se net foar opset. It giet hjir foaral ek om stúdzje. Wat bedoelt in komponist mei dit of dat? Dêr giet it om! Yn 'e trije dagen dy't de wykeinen oant ferline jier ta duorren, hie ik alle tiid om soks op 'e dielnimmers oer te dragen. Mar yn twa dagen slagget dat net. Niis by de útfiering koene jo sels sjen dat se de boat yn gongen".

Bakkers zegt nadrukkelijk dat zijn kritiek niet gericht is op zijn opvolger Tseard Verbeek. Geassisteerd door Harm Witteveen wist de nieuwe leider van de Grouster muziekstudiedagen de jeugdige muzikanten tot indrukwekkende prestaties te brengen. Maar toch, één keer ging het mis, zodat assistent-leider Witteveen even corrigerend moest optreden.

Met het verscheiden in Grou heeft Piebe Bakker bepaald geen afscheid van de muziek genomen. Het zware werk laat hij over aan de jongere generatie, maar de voormalige muziekschool-directeur blijft als gast-dirigent en jurylid overal in den lande actief in zijn vak.

Piebafoon

"Der moat in kear in ein oan 'e fêste dingen komme en troch it bekoartsjen fan dy wykeinen is dat proses miskien wat fersneld". Bakker werd bij zijn dubbelafscheid toegesproken door Durk Dam. De SAMO-voorzitter reikte de scheidende leider een oorkonde en een 'Piebafoon' uit, een uit oude blaasinstrumenten samengesteld kunstwerk. Bakkers afscheidscadeau bevatte geen mondstuk, want, aldus Dam, "Hy hat al lang genôch meispile".

JEUGDSTUDIEDAGEN IN DE KERSTVAKANTIE

voor
jonge korpsmuzikanten (B, C, D)

in
Jeugdherberg "Oer 't Hout" in Grou

o.l.v. Piebe Bakker en zijn assistenten

De jeugdstudiedagen voor korpsleden worden al zo'n twintig jaar gehouden. Vijf keer in Oenkerk in de Praktijkschool en Staniastate, de andere keren in jeugdherberg Oer't Hout in Grouw. De eigenlijke repetities vinden plaats in de nabijgelegen doopsgezinde kerk. Doel is de jeugd kennis te laten maken met aspecten van de korpsmuziek, die in de eigen vereniging door tijdgebrek vaak blijven liggen. Maar ook de sfeer en de gezelligheid moeten de dagen tot een onvergetelijk iets maken. „It moat sa wêze, dat se sizze: hasto noch noait yn Grou west?", aldus Piebe Bakker, die de leiding van de dagen in handen heeft.

Dat het gelegenheidskorps zo snel de werken op een heel behoorlijke manier kan uitvoeren, is vooral te danken aan de grote vakkundigheid van de dirigenten Piebe Bakker en Tjeerd Verbeek. "Mar de ploech is ek hiel motivearre hear", stelt Bakker bescheiden.

Tijdens de generale repetitie is Bakker soms heel streng. "Steane der streepkes boppe de noaten? Nee, no hâld dy kwartnoaten dan stakato. Oars swingt it net". Even later als het weer niet swingend genoeg gaat, reageert hij bijna boos: "Frjemd dat jimme dat wer ferkeard dogge. As ik dat ien kear sis, dan moatte jimme it ek dwaan; kwart hâlde. Wat is dat fan frjemde oanwenst". De jongelui tussen de 13 en 18 jaar kijken wat bedrukt. Maar als het betreffende deel weer herhaald wordt, blijken de strenge woorden wel effect gesorteerd te hebben. Bakker vrolijkt helemaal op. De dirigeerstok verandert steeds van hand en zijn vingers swingen mee op de muziek.

Piebe Bakker, die de jeugd muziekstudiedagen al zo'n twintig jaar doet, is vol lof over de ploeg. "Froeger dan wie it de earste dei dat alle buiskes fêst sieten as ik ôfstimme woe. Ik wit noch wol dat in hoarnist sei: 'Ofstimme? Dat hoech ik net; ik ha krekt in nij ynstrumint'. Lokkich is dat no net mear it gefal. Se ha allegearre folle mear ûndergrûn. Froeger doe't wy mei syn allen noch yn ien sliepseal sliepten yn Stania State yn Oentsjerk, sieten de measten de pare deis mei skeave eachen achter de lessenaar. No hat elkenien hast in eigen keamer en kin elts him deljaan at er dat wol. It is hjir krekt in hotel". De vader uit Holwerd, die 's middags z'n dochter en zoon ophaalt, kan deze woorden van Bakker niet echt beamen: "Tjonge jonge, se binne út'e liken. By Ljouwert sliepe se straks al yn'e auto", verzucht hij.

GROU - De studiedagen voor jonge korpsmuzikanten, die het Samenwerkingsverband Muziekorganisaties Friesland (SAMO) jaarlijks in Grou organiseert, staan onder grote, financiële druk. De provincie draait langzaam maar zeker de geldkraan dicht. Voor de Friese muziekwereld zijn de jeugdstudiedagen te Grou een begrip. Een Friese muzikant begint niet eerder met zijn carrière dan nadat hij 'Grou gezien heeft'. Voor menig startend en gevorderd muzikant zou het wegvallen van de studiedagen in Grou dan ook een klap in het gezicht betekenen. De belangstelling was ook dit jaar weer overweldigend. Met passen en meten konden ruim honderdvijftig muzikanten in tweemaal drie dagen worden geplaatst. Onder de bezielende leiding van Piebe Bakker werd de jeugd weer de nodige muzikale ervaring bijgebracht. Bakker heeft al ruim twintig jaar de muzikale en artistieke leiding van de Grouster studiedagen.

Piebe Bakker ervaart het werken met jeugdige muzikanten tijdens de studiedagen nog steeds als een groot plezier om te doen. In zijn ogen krijgt een dirigent zoveel positieve reacties terug, dat je het nodige tekort aan nachtrust voor lief neemt. Bakker vindt het dan ook uiterst teleurstellend dat de provincie nu de subsidies stop wil zetten. Als, na het verdwijnen van het Frysk Orkest en het Leeuwarder conservatorium, nu de amateurmuziek ook al wordt gekort, is in de ogen van Bakker het einde zoek. Ondanks deze teleurstelling wist Bakker met de zijnen tijdens het slotconcert in de doopsgezinde kerk van Grou er weer een waar feest van te maken.

De muziekexamens (1953-1989)

Zoals we al eerder konden lezen, speelde mevrouw Faber-Hornstra van de Friese Cultuurraad een belangrijke rol bij de ontwikkeling van de amateuristische muziekbeoefening.
Een kritische Piebe Bakker over de opleiding van korpsmuzikanten:

'Mevrouw Faber-Hornstra kon je overal in het land aantreffen als er iets belangrijks stond te gebeuren op het gebied van de amateuristische muziekbeoefening. Ik moet zeggen dat we het aan haar hebben te danken dat wij toen in Friesland de voorlopers waren en dat de andere provincies dat voorbeeld hebben gevolgd. Zij nam de stap om te zorgen dat er nieuw lesmateriaal kwam voor de korpsopleiding. Sierd de Boer had hiervoor een nieuwe methode geschreven: 'Gradas ad Parnassum', die later werd uitgegeven bij 'Harmonia' in Hilversum. Mijn handleiding over de theorie voor de muziekexamens, uit 1984, werd bij 'De Haske' in Heerenveen uitgegeven. Een aardige bijkomstigheid is dat toen het boekje voor het eerst uitkwam het vijf gulden kostte en ik daar als royalty zeventig cent van kreeg. Nu, in 2000, kost hetzelfde boekje, derde druk, twaalf gulden en vijfenveertig cent, maar ik krijg nog steeds diezelfde zeventig cent! Maar ja, het was voor het goede doel, of niet soms. Het verder helpen van de jonge korpsmuzikanten'.

Piebe Bakker:

'Toen later de ANUM werd overgenomen door de SONMO, werd er een commissie ingesteld door het ministerie van Cultuur, Recreatie en Maatschappelijk werk, het CRM die een raamleerplan moest maken voor de volledige landelijke opleiding.
Deze commissie waar ik ook deel van uitmaakte, had toen nog niet in de gaten dat de macht toen teveel werd geconcentreerd aan de zijde van het N.I.B (Nederlands Instituut Blaasmuziek) en dat de federaties en de korpsen er toen helemaal geen vat meer op hadden.
De grootste rijksbedragen gingen naar dit professionele bureau in Utrecht en de subsidies voor de organisaties en de korpsen werden aanmerkelijk kleiner. Er werd bijvoorbeeld niets meer gegeven aan de opleiding zoals die altijd had plaatsgevonden bij de korpsen en altijd werd gesubsidieerd door de organisaties. Nee, voortaan moest alles lopen via rijkserkende muziekscholen.
Dat was op zich niet zo erg, maar als er ergens scholen waren die niet goed functioneerden, dan ging het met de korpsen van de betreffende regio wel mis! Toen inderdaad later bleek dat dit bij een aantal korpsen het geval was, heb ik hierover een artikel geschreven in de Christelijke Muziekbode; dat werd mij natuurlijk niet in dank afgenomen door de rijksinspectie en ik werd dan ook direct uit mijn functie ontheven als examinator en gecommitteerde.
Maar uit het schrijven van het hierbij gevoegde stuk (op de volgende pagina) blijkt wel dat de commissie er toen wel op heeft aangedrongen om te komen tot een goede samenwerking tussen de muziekscholen en de verenigingen. Dat de verenigingen nu door het machtsmisbruik van het N.I.B. wat tussen de wal en het schip zijn geraakt, konden wij toen niet voorzien. In het begin hebben we ons wat teveel laten beïnvloeden door het ministerie en dat kon je niet direct weer terug draaien.
Nu, een aantal jaren later zien ze dat bij de korpsen ook wel in en beginnen langzamerhand zelf weer met de opleiding, terug naar af dus! Omdat zoiets bij de korpsen nu helemaal zonder subsidie moet en de docenten ook niet voor het opscheppen liggen, komt het minder snel van de grond dan voorheen het geval was. Ik voorzie dan ook dat als de gemeentelijke subsidies aan de muziekscholen ook nog eens worden ingekrompen en daardoor de tarieven voor het lesgeld omhoog gaan, het voor de jonge muzikanten en hun ouders niet meer is op te brengen en de korpsen dan uit noodzaak maar weer beginnen met de eigen opleiding, maar dan zonder examens.
Dat zou heel erg jammer zijn, want het had zo mooi kunnen zijn!'.

JAARVERSLAG MUZIEKEXAMENS 1968

Evenals het voorgaande jaar kunnen we ook nu weer een optimistisch geluid laten horen, n.l. het aantal deelnemers welke aan onze muziekexamens hebben deelgenomen bedraagt 15 kandidaten meer, hetgeen vanzelfsprekend zeer verheugend genoemd mag worden.

Het totaal aantal kandidaten welke aan onze muziekexamens in 1968 hebben deelgenomen bedroeg 189, verdeeld over acht examens. Wij zullen hopen, dat dit aantal het volgend jaar met vele kandidaten uitgebreid zal worden, hetgeen mogelijk zal zijn als onze Unieleden wat meer aandacht aan de opleiding van muziekexamens zouden besteden, dan tot nu toe het geval was. Men vergete toch vooral niet, mijne vrienden, dat juist de muziekexamens het fundament zijn van Uw vereniging.

De muziekexamens werden gehouden in de volgende plaatsen en het aantal deelnemers bedroeg:

Plaats	Datum	Aantal
Den Helder	op 30 maart	18 kandidaten
Alkmaar	op 27 april	23 "
Utrecht	op 11 mei	23 "
Leeuwarden	op 8 juni	34 "
Naaldwijk	op 1 juli	20 "
Alkmaar	op 6 juli	21 "
Woerden	op 7 december	39 "
Rotterdam	op 14 december	11 "

In totaal hebben dus 189 kandidaten muziekexamen gedaan, welke onderverdeeld kunnen worden in:

Voor het "A" examen 109 kandidaten, voor het "B" examen 33 kandidaten, voor het "C" examen 15 kandidaten en voor het eindexamen "D" 4 kandidaten. Hierbij willen wij speciaal vermelden dat van bovengenoemd aantal er 28 geslaagd zijn met " LOF ". Hieruit blijkt, dat de algemene indruk van de gehouden muziekexamens over 1968 is, dat er onder zeer goede en deskundige leiding is gestudeerd. Wat dit jaar ook wel heel sterk naar voren kwam tijdens het afnemen van de examens was de grote belangstelling van de heren dirigenten en muziekleraren, welke de kandidaten hadden opgeleid voor onze muziekexamens. Het is enkel maar toe te juichen dat men blijkbaar tot de conclusie is gekomen, dat juist de studie voor de muziekexamens goed bruikbaar is voor een basis-opleiding voor het korps.

Indien wij de muzikale scholing van onze muzikanten willen bevorderen - en welk korps streeft daar niet naar - dan is de daadwerkelijke steun en volle medewerking van de heren dirigenten en muziekleraren daarbij beslist onmisbaar.

De examencommissie bestond dit jaar uit de heren:

Henri Verhaar voorzitter uit Den Haag, A.J. Hartman uit Den Haag, C. van Kleef uit Woerden, Jac. van Dillen uit Culemborg, Henk van Lijnschooten uit Ridderkerk, Piebe Bakker uit Koudum en Jan Vermaak uit Amsterdam.

M. van Doorn,

Alexanderstraat 10 - Geldermalsen,

Secr.-Penn. Examen Commissie.-

Raamleerplan Harmonie- en Fanfare- opleidingen

Ik verwacht dat met de duidelijkheid die wordt geschapen voor de muziekscholen en de kwaliteitsgaranties die worden gegeven aan de verenigingen en hun leden, voldaan is aan de voorwaarden om een vruchtbare samenwerking tussen deze verenigingen en de muziekscholen in de toekomst te verzekeren.

Uiteraard bevat dit raamleerplan een aantal elementen die ook op andere opleidingen voor blazers en slagwerkers van toepassing zijn. Er bestaat dan ook geen enkel bezwaar tegen wanneer die opleidingen naar het model van dit raamleerplan worden ingericht. Daarnaast zijn er echter zoveel primaire en secundaire kenmerken die specifiek zijn voor de hafa-opleiding – het raamleerplan is daarin mijns inziens duidelijk genoeg, ook waar het gaat om zaken die zich niet eenduidig laten vastleggen – dat het door mij erkende diploma alleen verbonden blijft aan opleidingen die naar de letter en naar de geest als hafa-opleidingen kunnen worden aangemerkt. Bij dit laatste denk ik dan vooral aan het feit, terecht door de Commissie benadrukt, dat er bij deze opleidingen altijd sprake dient te zijn van een samenwerking tussen muziekscholen en verenigingen om vanuit een begrip voor elkaars verantwoordelijkheid, in onderling overleg deze opleidingen gestalte te geven.

Tenslotte wil ik graag op deze plaats nogmaals mijn dank uitspreken aan de Commissie die mij van advies heeft gediend.

Ik ben er zeker van dat de heren Bakker, Van Lijnschoten en De Vries namens de landelijke organisaties op het terrein van de blaasmuziek, de heren Koster en Kurpershoek namens de SOM, de heer Reuland namens het muziekvakonderwijs en de ambtelijke voorzitter en secretaris van de Commissie, de heren Smeets en Adams een belangrijke bijdrage hebben geleverd aan de kwaliteit van het muziekonderwijs en daarmee aan de bevordering van de cultuur op het gebied van de blaasmuziek in ons land.

De minister van Cultuur, Recreatie
en Maatschappelijk Werk
w.g. mw. M. H. M. F. Gardeniers-Berendsen

STREEKMUZIEKSCHOOL FRYSLÂN SÚD-WEST

Gemeenschappelijke regeling van de gemeenten Bolsward, Littenseradiel Wûnseradiel, Nijefurd en Gaasterlân-Sleat

School- en leerlingenadministratie: Kerkstraat 30, 8701 HS Bolsward - Telefoon 05157 - 3434

Naam kandidaat: Ymkje v.d. Meer
Wonende te : Makkum
Instrument : Klarinet
Lid v.d. ver. : Hallelujah, Makkum
Datum : 4 april 1990

EXAMEN [A] ~~B~~ ~~C~~ ~~D~~

(A) KENNIS:
— Algemene Muziekleer 8
— Receptieve Vorming
(Het kunnen onderscheiden v.d. elementen waaruit de muziek is opgebouwd)
— Toonvoorstellings-vermogen 6½
(w.o. prima-vista spel, ritme tikken) 6½

(B) VAARDIGHEID:
— Toonkwaliteit-Zuiverheid 7½
(bij slagwerk klankkwaliteit)
— Techniek
(blijkend uit etudes/toonladders/ akkoorden/voordrachtstukken en samenspel) 7½
— Ritmiek 7
(idem)

(C) MUZIKALITEIT:
— Voordracht 7½

Totaal aantal punten: 44

TOELICHTING:

N.B. Om te slagen dient de kandidaat tenminste in totaal 36 punten te behalen, met dien verstande dat voor ten hoogste twee van de rubrieken geen lager cijfer mag worden behaald dan een vijf; bovendien dient voor Algemene Muziekleer tenminste een zes te worden behaald.

Het predikaat „met onderscheiding" verkrijgt de kandidaat bij het behalen van tenminste 54 punten.

UITSLAG: **GESLAAGD** / ~~AFGEWEZEN~~

De examenkommissie:

de direkteur: *[signature]*

Ook na zijn afscheid als direkteur beoordeelde Piebe Bakker nog examenkandidaten.

Vergadering „Stichting Muziekschool voor de Zuid West Hoek van Friesland"

Aantal leerlingen nadert de 800

Op het gemeentehuis te Koudum vond woensdagavond 15 nov. de eerste gezamenlijke vergadering plaats van bestuur en commissie van toezicht van genoemde stichting, onder voorzitterschap van de heer Th. de Vries.

De heer de Vries gaf een uitvoerige uiteenzetting over de beoogde doelstellingen van de stichting, vastgelegd in de statuten. Hoofddoel van de stichting is de bevordering van de culturele ontwikkeling in het algemeen en meer in het bijzonder van het muziekleven in de Zuidwesthoek. Het werkgebied strekt zich momenteel uit over de gemeenten Gaasterland, Hemelumer Oldeferd, Hindeloopen, Staveren, Sloten en Workum, met een mogelijkheid tot uitbreiding over een deel van de gemeente Wonseradeel.

De heer Bakker, directeur van de Muziekschool gaf vervolgens een overzicht over de werkzaamheden. Lessen in (A)lgemeen (V)ormend (M)uziek (O)nderwijs) en instrumentale lessen (piano, orgel, contrabas, accordeon, gitaar, koperen en houten blaasinstrumenten en slagwerk) worden gegeven te Koudum, Balk en Workum.

Daarnaast worden nog AVMO-lessen gegeven te Hindeloopen, Staveren en Bakhuizen, Oude- en Nijemirdum en binnen zeer korte tijd te Sloten.

Het aantal leerlingen beweegt zich nog steeds in stijgende lijn en nadert nu de 800, een aantal, dat door geen der scholen in Friesland ook maar bij benadering wordt bereikt, wel een bewijs, dat hier in een dringende behoefte wordt voorzien. Elf leerkrachten, gespecialiseerd op de instrumenten, waarvoor ze les geven, zijn aan de school verbonden.

Exploitatierekening over het afgelopen- en begroting over het komende boekjaar, toegelicht door de penningmeester, de heer P. de Vlugt jr., worden ongewijzigd goedgekeurd. Uit de genoemde stukken blijkt, dat de financiële basis van de stichting nog niet geheel gezond is. Waar genoemde gemeenten reeds alle mogelijke financiële- en materiële steun verlenen (dit laatste in de vorm van het gratis ter beschikking stellen van lokaalaccommodatie), zal in eerste instantie worden getracht een rijkssubsidie te verkrijgen.

Het bestuur heeft reeds stappen ondernomen om te komen tot een Rijkserkenning van de school op zeer korte termijn. Een bespreking met de hoofdinspecteur van het Muziekonderwijs, dr Daniskas, wettigt de hoop, dat deze Rijkserkenning binnenkort een feit zal zijn.

Zo zal dan de Zuidwesthoek van Friesland weer een erkend onderwijsinstituut rijker zijn, waarbij in de eerste plaats de culturele vorming in het algemeen en niet in mindere mate de verenigingen (muziek en zang) meer in het bijzonder gebaat zullen zijn, terwijl tevens met betrekking tot 't woonklimaat weer een stap in de goede richting is gedaan.

„Stichting Muziekschool Koudum e.o." te Koudum

Directeur PIEBE BAKKER

Opleiding voor de vakken:

- A.V.M.O. (min. leeftijd 7 jaar)
- PIANO
- HARMONIUM
- AKKORDEON
- GITAAR
- CONTRABAS
- BLAASINSTRUMENTEN (hout en koper)
- SLAGWERK

Schriftelijke of mondelinge aanmelding der leerlingen voor de nieuwe cursus, welke in september begint, kan geschieden Dammenseweg 37, tel. 05142-398 te Koudum.

In bepaalde gevallen kunnen instrumenten beschikbaar worden gesteld.

DE DIRECTEUR

De dirigentendagen

Piebe Bakker:

'Met het Nationaal Jeugdkorps moest ik een paar keer per jaar voorlichtingsdagen organiseren voor de verschillende provinciale SAMO's. Daar kwamen meestal de wat oudere dirigenten, waarmee ik de nieuwste ontwikkelingen op het gebied van ritmiek en harmonie in de blaasmuziek mee besprak. Ze kwamen vooral ook omdat we daar de verplichte concourswerken voorspeelden. Ze konden dan vragen welke muziektechnische moeilijkheden daarin voorkwamen en hoe ze die dan het beste konden oplossen. Er werd ook aandacht besteed aan de nieuwere instrumentatie, zodat ik tijdens deze dagen vaak samenwerkte met de componisten die deze werken hadden geschreven. Zo kwam Henk van Lijnschooten mee als het bijvoorbeeld ging om het werk 'Stromingen'. Deze compositie ging namelijk over de ontwikkeling vanaf de Middeleeuwen tot aan het hedendaagse repertoire. Of met Kees Vlak als het om de 'IJsselmeer Impressions' draaide. Hierin kwamen grafische notaties voor, wat voor de meeste dirigenten helemaal nieuw was. Componist Rob Goorhuis ging mee omdat hij veel werken had geschreven met onregelmatige maatsoorten en nieuwere akkoorden. Dit waren allemaal belangrijke dingen die deze dirigenten niet hadden gehad tijdens hun opleiding. Verder werd er gesproken over de nieuwere instrumentatie en de aanpassingen daarvan aan hun bezetting. Soms ontstonden er ook hele levendige discussies over de orkestopstelling op het podium en het vereiste aantal instrumenten dat er in de verschillende secties moest zitten. Het waren soms zware, maar ook heel mooie dagen, waar ik met heel wat collega-dirigenten heb kennis gemaakt. Niet alleen in Nederland, maar ook in België waar deze dagen werden georganiseerd door de Belgische federatie 'Fedekam'. Ook vanuit de kant van de N.C.R.V. had men wel belangstelling voor de toelichting op de concourswerken. De voorbereiding van dit soort dagen kostte altijd heel veel tijd!'.

In zaal Koster: Leerzame instructiedag

KLAASWAAL — „Het is zeker niet mijn bedoeling, de schoolmeester uit te hangen, maar met U muziek te bespreken en te beleven". Deze woorden sprak Piebe Bakker op donderdag 30 december 1982 aan het begin van de instructiedag die hij, met het nationaal jeugdkorps van de Nederlandse Federatie van Christelijke Muziekbonden (NFCM) in zaal Koster verzorgde. Dit jeugdkorps - fanfare - bestaat uit ongeveer 60 meisjes en jongens van 14 tot 23 jaar.

Zij komen uit alle delen van Nederland en repeteren ongeveer één keer per maand. Voorwaarde is, dat zij in het bezit zijn van een S.O.N.M.O.-muziekdiploma C, of over gelijkwaardige capaciteiten beschikken. Regelmatig verzorgen orkest en dirigent concerten en instructiedagen door geheel Nederland. In het kader van die instructiedagen werd ook Klaaswaal bezocht. In de regio werden ongeveer 50 dirigenten uitgenodigd om deze dag bij te wonen.

Vijfentwintig dirigenten, waaronder een vijftal uit de Hoeksewaard, gaven gehoor aan deze uitnodiging. Zeker geen gering aantal. Aan de orde kwamen onder andere: harmonische ontwikkeling, ritmische ontwikkeling improvisatie en interpretatie. Piebe Bakker - dirigent, jurylid en muziekleraar - gaf deskundige uitleg en het orkest speelde het besprokene. Theorie en praktijk volgden elkaar op prettige wijze op.

Samen met Kees Vlak, componist en dirigent, schreef Piebe Bakker een handleiding aan de hand waarvan de instructie werd gegeven. Hoewel deze instructiedagen bedoeld zijn voor dirigenten, komt het ons voor dat ook gevorderde muzikanten van deze waardevolle kennisoverdracht getuige zouden moeten zijn.

Alex Zwijgers, dirigent van Prinses Juliana - één van de meest gerenommeerde harmonieorkesten uit de regio - bijdrage te leveren voor verbetering van de Hoekse Waardse amateuristische muziekbeoefening.

vertelde desgevraagd, dat hij de instructiedag als zeer waardevol en leerzaam had ervaren. Bovendien konden weer nieuwe ideeën worden opgedaan.

Een mens is nooit te oud om te leren

Het is een aloud gezegde: een mens is nooit te oud om te leren.

En aangezien ook dirigenten tot het mensdom behoren — een feit, dat in muzikantenkringen wellicht nog een discussiepunt is — is het aan te nemen dat ook dirigenten daarop geen uitzondering maken.

Sterker nog: een dirigent raakt nooit uitgeleerd! Mocht u ooit een dirigent ontmoeten die totale zelftevredenheid uitstraalt, maak dan voor hem geen diepe buiging. Bewonder hem niet om al zijn diploma's, maar verwijs hem slechts naar een dirigentendag, waar Piebe Bakker met zijn Nationaal Jeugdorkest demonstreert op welke wijze met een orkest omgesprongen kan, nee m o e t worden. En tien tegen één dat u zegt: vooral een dirigent is nooit te oud om te leren.

Wie, wat, waar?

Laten we eerst even in volgorde het wie, wat, waar en wanneer van de aangehaalde dirigentendag uit de doeken doen.

Het initiatief werd genomen door de Culturele Raad Zuidholland, die op haar beurt contact zocht met de Federatie van Christelijke Muziekbonden en de Bond van Orkestdirigenten. Het resultaat werd de gezamenlijke organisatie van een dirigentendag in Cultureel Centrum „De Leuningjes" te Poeldijk op zaterdag 24 februari 1979. Er meldden zich 32 belangstellende dirigenten aan.

Hoofdpersonen in de voorstelling waren Piebe Bakker en Cees Vlak. Eerstgenoemde omdat hij als ervaren docent en als dirigent van het Nationaal Jeugdorkest daartoe was aangezocht en laatstgenoemde omdat zijn jongste werk „Impressions Rapsodiques" was geprogrammeerd en wie kon daar beter een toelichting bij geven dan de componist zelf, nietwaar?

Wat de bakker bakte

Zo zaten we dan op die zaterdag gemoedelijk in de voortreffelijke ruimte van „de Leuningjes" te wachten op de dingen die komen gingen en we vroegen ons af wat Piebe Bakker er van zou bakken.

Veel. Heel veel. Hij hield eerst een algemeen, inleidend betoog, dat zich niet in details laat beschrijven maar dat wel dermate boeiend en leerzaam was, dat zelfs de meest geroutineerde dirigent er niet onderuit kwam om meegetrokken te worden door het enthousiasme van de inleider.

Het spelen met klankkleuren noemde Piebe Bakker een royale mogelijkheid van het fanfare-orkest om het totaalbeeld te verlevendigen. Hij liet zijn woorden bewaarheid worden door demonstratie met het orkest. „Die klankkleuren zijn het, die mijn voorkeur doen uitgaan naar harmonie-fanfare. Ik vind een brassband ook mooi, maar de eenzijdige kleurschakering doet mij na een half uur niet veel meer'."

Blaas eens een C

Afstemmen. „Dat kun je nooit genoeg doen. Denk er aan dat het zinloos is om af te stemmen met instrumenten, die niet op temperatuur zijn". Ook hier demonstratie.

Waar Piebe Bakker vooral grote nadruk op legde is het levendig maken van op zichzelf taaie zaken. Dat afstemmen bijvoorbeeld. Als dirigent kom je altijd en eeuwig tijd te kort. In de wekelijkse repetitietijd van twee uur (minus een kwartier pauze) moeten programma's ingestudeerd worden. Op zichzelf een vaak onmogelijk lijken-

Eén der dappere bassisten van het jeugdorkest.

Piebe Bakker in actie.

de opgave. Van die kostbare tijd moet je een deel missen voor dat miserabele afstemmen. Stukje uit, nog eens proberen, beetje in.

„Maak het interessanter" is het parool en „leer ze luisteren". Geen ellenlang aanhouden van die C. Snel achter elkaar met een kort toontje speelt iedereen de afstem-toon. C, c, c, c, c, jij, jij, jij, jij. Hij wijst ze stuk voor stuk aan in tempo allegro. Afwijkingen worden direct gehoord en gecorrigeerd. Niet alleen afstemmen op die C. Hij laat ze van te voren afgesproken drieklanken spelen. „Luisteren, jongens, luisteren."

Toonladders. We weten allemaal dat het eigenlijk zou moeten. Maar jagen we daarmee de muzikanten niet van de repetitie weg? Zeker, die kans zit er in. Maar niet als de toonladders gespeeld moeten worden op het ritme van een tango, een beguine, een rumba of noem maar op.

Onregelmatigheden — overbodigheden

Onregelmatige maatsoorten. We worden steeds meer met deze materie geconfronteerd en het behoeft voor het orkest geen onoverkomenlijke hinderpaal te zijn om aan deze „nieuwigheid" in de hafa-muziek het hoofd te bieden.

„Maar", aldus de inleider, „het is fout om het orkest onvoorbereid aan deze muziek te laten beginnen." Een demonstratie volgde. Oefeningen werden uitgevoerd op één enkele toon (met het voordeel, dat de muzikant bevrijd is van het noten lezen en zich dus volledig kan concentreren op de metriek). Alle denkbare indelingen passeerden op deze wijze de revue en schijnbaar moeiteloos werden ze gespeeld.

Dirigeergebaar. Gedemonstreerd werd hoe het orkest reageerde op simpele handbewegingen en zinloos het is om overbodige bewegingen te maken, die de aandacht slechts naar de dirigent trekken in plaats van naar de muziek.

Toegegeven, Piebe Bakker had de beschikking over een voortreffelijk orkest en dat zal de zaak wel wat vergemakkelijken. Maar het neemt niet weg dat de principes, waarvan hij uitgaat, nooit hun uitwerking zullen missen. Bij welk orkest dan ook. Want het Nationaal Jeugdorkest is niet bij toeval zo uiterst slagvaardig, volgzaam en hoogst gedisciplineerd.

Niet van de vloer op de zolder

De studie op onregelmatige maatsoorten werd gestalte gegeven in de uitvoering van Henk van Lijnschooten's „Three caprices for Band", waarna Cees Vlak in de gelegenheid werd gesteld om zijn laatste compositie „Impressions Rapsodiques" te bespreken. In deze compositie heeft hij technieken toegepast, die — althans voor de hafa-wereld — nieuw zijn en die — naar zijn stellige overtuiging — nodig zijn om ook de amateuristische muziekbeoefening mee te laten evolueren in het gehele muziekgebeuren.

Zonder die evolutie zouden we nu nog steeds operafantasieën spelen. En ook hier geldt, dat een behoedzame voorbereiding geboden is of, zoals Piebe Bakker het uitdrukte „je kunt niet in één keer van de vloer naar de zolder springen".

Een andere Cees Vlak

„Impressions Rapsodiques" is een programmatisch werk, dat een pleidooi is tegen de inpoldering, cq. industrialisering van de Markerwaard. Een gegeven dat Cees Vlak als inwoner van het pittoreske Marken, na aan het hart ligt. Maar afgezien van deze grondgedacht biedt het stuk meer dan het pleidooi of, zo u wilt, meer dan het muzikale protest. Als dirigenten zullen we het pleidooi goed kunnen gebruiken om muzikant en publiek dichter bij de componist te brengen, maar Vlak's bedoelingen blijven niet tot het pleidooi beperkt. Hij streeft met dit werk duide-

Cees Vlak instrueert zijn „Impressions rapsodiques".

lijk „behoedzame invoering van nieuwe tendenzen" na.

Een voorzichtige grafische notatie is ingevoerd en ook gedeelten zonder metrische indeling vragen bijzondere aandacht van dirigent en muzikant.

En — maar dat is geheel voor rekening van schrijver dezes — wellicht wil Cees Vlak ook af van het image, dat hij uitsluitend de componist is van het betere, populaire werk in Zuidamerikaanse stijl. Want dat hij tot het schrijven van veel breder repertoire in staat is, lijkt nog niet tot iedereen doorgedrongen. Voor uitgebreidere gegevens over deze compositie verwijzen wij gaarne naar een beschrijving in de volgende uitgave die de componist op ons verzoek zal geven.

Stromingen

Een ander werk, dat op deze dirigentendag aan een onderzoek werd ontworpen, was „Stromingen" van Henk van Lijnschooten. We zullen op een later tijdstip deze compositie uitvoerig in ons blad bespreken. Op deze dirigentendag kon het hoogst interessante werk tengevolge van tijdgebrek niet volledig uitgediept worden.

De naam „Stromingen" werd gekozen, omdat de componist in suite-vorm de diverse tijdperken — of stromingen — van de hafa-muziek ten tonele voert en wel vanaf het prille begin tot de dag van vandaag. Hij ontkomt er dan niet aan om ook een muzikaal hoofdstukje te wijden aan de grafische notatie. De periode van de arrangementen, met name van de opera-ouverture, wordt zo geestig behandeld, dat de wetende luisteraar ternauwernood een schaterlach kan onderdrukken. De ondertitel van dit gedeelte liegt er ook niet om: „ouverturissimo" en de componist voegt hieraan toe: „Elke gelijkenis met een bestaande ouverture berust op louter opzet".

Nogmaals: nooit te oud

Om de dirigentendag af te ronden liet Piebe Bakker zijn Nationaal Jeugdorkest „Rule Britannia" van William Rimmer spelen en dat bood nog eens volop gelegenheid om de niet geringe kwaliteiten van het orkest te beluisteren.

De nieuwe voorzitter van de Bond van Orkestdirigenten, de heer J. P. Laro, sloot de bijzonder geslaagde dirigentendag met een dankwoord aan de initiatiefnemers, aan de beide inleiders en vooral aan de jongens en meisjes van het Nationaal Jeugdorkest die op zo'n voortreffelijke wijze tot het welslagen van deze dag hadden bijgedragen.

Dank ook aan de aanwezige dirigenten (meest B.v.O.-leden) en een aansporing tot de aanwezige niet-leden om door studie de weg tot de B.v.O. vrij te maken. „Want", en dat geldt voor alle dirigenten, „je bent nooit te oud om te leren."

Joost van Beek

Workshop in een blauw-geruite kiel

Als we op 15 september 1984 Vlissingen binnenrijden, gaat de druilerige regen over in een plensbui.
Michiel Adriaanszn. de Ruiter blijft er koud onder en staart onaangedaan vanaf zijn voetstuk op de boulevard over het woelige water. Het is waarschijnlijk net zijn weertje, maar de Zeeuwse dirigenten, op weg naar een werkbijeenkomst, voelen liever geen nattigheid en haasten zich naar binnen. Daar wacht hen een koude douche. De bijeenkomst wordt gehouden in een schoolgebouw en de gezellige, traditionele ontvangst met koffie ontbreekt. Voor koffie en lunch moet men naar een nabijgelegen jeugdherberg, een ongezellig, donker en kil gebouw. Nee, 't is maar goed, dat Piebe Bakker er zo enthousiast en zonder blikken of blozen tegenaan gaat, ander zou deze dirigentendag helemáál in het water vallen.
Het mag dan niet zo gezellig zijn als andere keren, het wordt wèl een leerzaam dagje. Maar daarvoor zitten we dan ook in een school.
De bijeenkomst heet "workshop". Nou vind ik

...blijft er koud onder....

Piebe Bakker

dat toch al een vreemde benaming, maar zeker voor een dag waaraan ons "nationaal jeugdkorps" haar medewerking verleent. Hoe nationaal is ons nationaal jeugdkorps ?
Een geweldige groep muzikanten, dat is al snel te merken. Toonladders worden in allerlei variaties ten gehore gebracht en men volgt feilloos de stok van de dirigent.
Er wordt aan de verzamelde orkestleiders op deze manier getoond, hoe men een repetitie zou kunnen beginnen en er tegelijk het onderdeel orkestdiscipline in kan brengen.
Tertsen-, kwarten-, kwintentoonladders, zelfs cadensen blijken voor de kennelijk zeer goed opgeleide jongelui een peuleschil. Ook de mogelijke verdelingen binnen de 5/8-maat (3+2 of 2+3), 6/8 maat (2×3 of 3×2), 7/8-maat etc. worden duidelijk hoorbaar in de toonladders neergezet.
Piebe Bakker houdt dan een praatje over de kleuren in het orkest. Van zijn ideeën heeft men in verschillende muziekbladen al kennis kunnen nemen en wij zullen ze dus hier niet expliciet weergeven. Het gaat er hem vooral om, dat de kleuren der verschillende instrumentengroepen goed te onderscheiden zijn. Een verkeerde opstelling kan dan veel bederven.
Regelmatig wordt door het orkest met voorbeelden verduidelijkt wat Bakker bedoelt.

De dirigentencursussen

Piebe Bakker:

'Het zal in de zestiger jaren zijn geweest toen Bram Feenstra en ik aan de M.P.A. (Muziek Pedagogische Academie) te Leeuwarden de opleiding verzorgden voor de korpsdirigenten. Toen deze instelling later conservatorium werd en er veel meer uren lesgegeven moest worden, hadden we daar geen tijd meer voor omdat wij beiden ook al een baan hadden als directeur van een muziekschool. Toch werd er regelmatig een beroep op ons gedaan om ons weer voor deze opleiding in te zetten. Dus hebben we het jaren in de vorm van cursussen gedaan die zo'n twee jaar duurden. Dit werd zo'n succes dat we al redelijk snel gevraagd werden om ook voor de provinciale SAMO's deze cursussen te verzorgen; eerst in Noord-Holland en later ook in de provincies Groningen, Drenthe en Gelderland.

Nadat Bram Feenstra was gestopt ben ik zelf nog een jaar of tien hiermee door gegaan, in Gelderland trouwens in samenwerking met Tijmen Botma, een aardig iemand en bovendien een goed vakman. Ik kon hem goed omdat hij destijds nog bij mij in het Nationaal Jeugdkorps had gespeeld. Als je dan een stuk of wat getalenteerde leerlingen had was het mooi werk, want die wilden altijd van alles leren en weten, ze zaten er vol van. Ik had voor de lessen zelf een cursusboek samengesteld en na afloop van een tweejarige cursus kregen ze dan een verklaring van het SAMO-bestuur dat ze deze cursus hadden gevolgd.

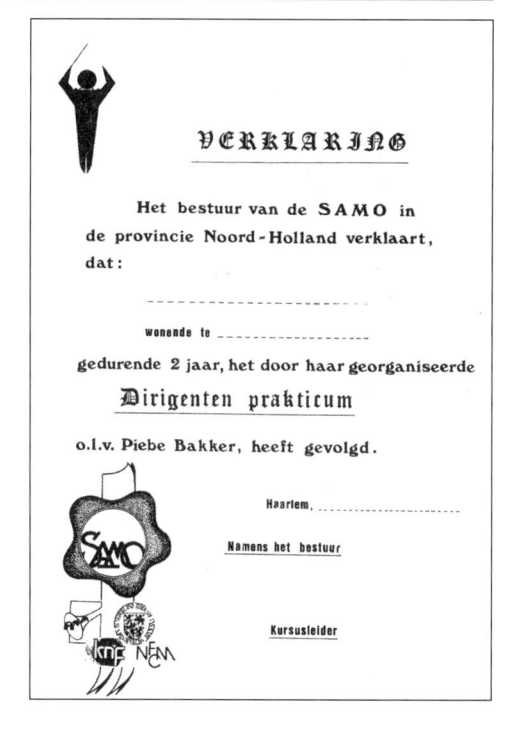

De besten konden meteen door naar het conservatorium voor de vakopleiding voor het praktijkdiploma Ha/Fa/Bra- directie. Als ze dan later een of meer korpsen hadden en daarmee naar een concours gingen, was ik als jurylid altijd erg nieuwsgierig hoe ze het er vanaf zouden brengen. Na het concours werd dan meestal nog wel even nagepraat over hun prestaties. Zodoende dat ik deze cursisten later nog wel eens tegen kwam en ik ze zo mooi kon volgen.

Na de nodige theorielessen in het begin, bestond de tweede helft van zo'n cursus altijd uit praktische lessen. Ik ging dan met hen naar korpsen in de omgeving die zich hiervoor beschikbaar hadden gesteld en dan kregen de cursisten een half uur om met een korps een deel van een compositie in te studeren, wat we van te voren hadden besproken.

Dan zag je al snel dat het dirigeren van een korps niet alleen had te maken met kennis, maar het was soms ook nodig de cursisten op pedagogisch gebied nog het één en ander bij te brengen. Ze moesten het ook op een begrijpelijke en aantrekkelijke wijze kunnen overbrengen op de muzikanten en dat viel niet mee. Na afloop van een repetitie zat ik dikwijls met de leden van het korps en hun bestuur nog even gezellig na te praten over het wel en wee van hun vereniging. Als ze na een concours moesten, kreeg ik vaak van te voren een cassettebandje mee naar huis om op hun concourswerken alvast wat commentaar te geven. Zo rond de concourstijd had ik het er zelfs maar druk mee. Toch kreeg je hierdoor een goede band met de korpsen en was je altijd van harte welkom voor een repetitie met de cursisten'.

Dirigent Jan Koetje van de Winschoter muziekvereniging De Harmonie. Rechts: cursusleider Piebe Bakker.

DIRIGENTENDAG IN SCHEEMDA:
„Niveau fanfarekorpsen in Oost-Groningen erg laag"

SCHEEMDA - „De achterstand van de blaasmuziek is, in vergelijking met andere delen van Nederland, in Oost-Groningen erg groot. Door dit soort dagen wordt de kwaliteit van de dirigenten èn de korpsen aanzienlijk verbeterd, zodat we de achterstand kunnen inlopen. Met name voor amateurs zijn deze dagen dan ook erg belangrijk".

J. Koetje is één van de twaalf Oostgroningse harmonie- en fanfare-dirigenten die het afgelopen jaar de bijscholingscursus van de bond heeft gevolgd. Afgelopen zaterdag werd in De Esbörg te Scheemda het eerste jaar van deze cursus afgesloten met een zogeheten dirigentendag; een soort eindtest waarop de dirigenten moesten kunnen laten horen of zij de ingestudeerde partituren onder de knie hadden. Hier en daar moest er nog wel een zweetdruppel worden weggewist. Ook bij Koetje, dirigent van De Harmonie uit Winschoten en van de muziekvereniging Beatrix uit Onstwedde/Mussel, verliep niet alles vlekkeloos. „Dat komt" zegt Koetje, „omdat de interpretatie van de bewegingen steeds anders is. Met mijn eigen korpsen heb ik bepaalde afspraken gemaakt, maar met dit Nationaal Jeugd Fanfareorkest wordt vakkundig op iedere beweging gereageerd".

Wat heeft J. Koetje nu in de praktijk aan de cursus die hij heeft gevolgd? Spontaan zegt hij: „Heel erg veel! Vooral hoe we leren om de musici te motiveren en hoe de gebruiksmogelijkheden van het orkest vergroot kunnen worden is erg belangrijk voor ons. In het afgelopen jaar hebben we veel theorie geleerd, maar op deze dag hebben wij geleerd hoe wij dat alles in praktijk kunnen brengen. Ik zou het wel goed vinden als er meer van dergelijke dagen zouden komen".

De dirigentencursus heeft onder leiding gestaan van Piebe Bakker, de dirigent van het Nationaal Jeugd Fanfareorkest, dat ook afgelopen zaterdag haar medewerking verleende. Piebe Bakker geeft toe dat hij zaterdag met de zenuwen in zijn keel is begonnen aan de eindproef van de Oostgroningse dirigenten. „Maar het is mij een stuk meegevallen. De opgegeven partituren bleken uitstekend ingestudeerd. Ik ben dan ook uitermate tevreden over de resultaten van dit eerste jaar". Er zal nu nog een vervolgcursus komen, die eveneens een jaar gaat duren. Daarin zullen de partituren aanzienlijk moeilijker worden.

Bakker verwacht dan ook dat er nog wel enkele cursisten af zullen vallen. Toch is hij van mening dat de bonden door moeten gaan met dit soort activiteiten. „Voor professionals is alles geregeld, maar voor amateurs niet. Wij zijn tot deze cursus gekomen, omdat het niveau van de korpsen in Oost-Groningen erg laag is. Dat is natuurlijk mede de schuld, omdat ook het niveau van het kader laag is. Als de dirigenten deze twee jaar durende cursus volgen zijn ze in staat bijzonder goed leiding te geven aan hun orkest. Als er geen goede bijscholing voor amateur-dirigenten zou zijn dan blijft het zoals het 25 jaar geleden was".

Vrijdagavond gaf het Nationaal Jeugd Fanfare Orkest een concert in Geert Teis, Stadskanaal. De jongelui toonden zich van hun beste kant en hadden terecht veel succes.

JOHN REIJNEN

Cursus bijscholing voor dirigenten van blaasorkesten werd groot succes

(Van onze muziekredactie)

Ruim twintig dirigenten, die zonder vakopleiding voor harmonie- en fanfare-orkesten en brassbands staan, hebben deze week in Groningen een bijscholingscursus beëindigd. Deze cursus, die werd gesubsidieerd door de provincie Groningen, werd gegeven door de heren Piebe Bakker uit Koudum en Bram Feenstra uit IJlst, die binnenkort ook in Friesland een dergelijke cursus zullen geven.

„Aan de opleiding van muzikanten is de laatste jaren veel gedaan," zei Piebe Bakker aan het slot, „maar aan die van het kader niet. Het doel van de cursus is natuurlijk, dat er straks iets van de resultaten op de korpsen wordt overgedragen. Als elke deelnemer twee verenigingen leidt, zijn er toch al veertig korpsen bereikt."

De heren Bakker en Feenstra gaven voor het eerst een dergelijke bijscholingscursus voor dirigenten, waarvor zij een speciaal cursusboek samenstelden. Een probleem daarbij was, dat zij niet wisten hoeveel kennis van muziektheoretische vakken zij bij de deelnemers konden verwachten. Aanvankelijk gingn zij uit van de theoretische basiskennis, zoals die wordt verlangd voor het D-examen voor muzikanten uit blaasorkesten, doch dat bleek te optimistisch. Voor harmonieleer en solfège viel er heel wat bij te spijkeren. De kennis van de deelnemers liep bovendien sterk uiteen. Vandaar, dat er nu al wordt gepraat over een vervolg op deze cursus. „Want", aldus Piebe Bakker, „in vijftien weken doe je van alles net te weinig en er waren grote hiaten. Een vervolg zal pas echt zoden aan de dijk kunnen zetten. Aan analyse hebben we niet veel kunnen doen, ook omdat je daarvoor eerst wat van harmonieleer moet weten."

De cursus, die sterk op de praktijk was gericht, bracht de deelnemers in contact met solfège en melodisch dictee, instrumentatie, algemene muziekleer, harmonieleer, orkestscholing en natuurlijk met de praktijk van het dirigeren.

De play-in's

De naam 'play-in' is destijds meegenomen door Henk van Lijnschooten vanuit Amerika.

Piebe Bakker over het fenomeen van de play-in:

'Naast de jeugdstudiedagen voor de jongeren die meestal drie dagen duurden, bestond er ook een behoefte aan zoiets voor de oudere muzikanten die wel eens op een andere manier samen wilden komen dan alleen maar op de wekelijkse repetities. Ze wilden wel een hele dag met elkaar muziek maken; dat waren dan de mensen voor een play-in! Deze play-in's die meestal van de provinciale SAMO's uit gingen werden meestal op zaterdagen gehouden met een bezetting van wel honderd muzikanten. 's Morgens om half tien de secties bij elkaar zetten volgens een vast schema en dan kon worden begonnen met het een en ander in te spelen. Dit inspelen was voor de leiding erg belangrijk. Men liet de muzikanten een toonladder spelen met een gebroken drieklankje over twee octaven zodat je snel in de gaten had wie de eerste, tweede of de derde partij in een sectie moesten spelen. Deed je dat in het begin niet goed, dan bleef het de hele dag rommelen. Dit was om zo te zeggen een stukje ervaring dat je als leider beslist niet kon missen. Ik zei dan ook altijd tegen nieuwe leiders die als stagiair mee gingen: 'Kijk goed naar hoe wij zo'n play-in beginnen, want dit bepaald het verdere slagen van de dag. Denk daar goed om en houd dat in je gedachten'. Dan startten we; er zaten ongeveer vijftien werkjes in de mappen en nu was het de kunst om voor jezelf spelenderwijs vast te stellen wat ze nu konden spelen en wat juist niet! Begon je met een te moeilijk repertoire, dan werkte je je zo'n dag in het zweet, maar de uitslag stelde niets voor. Het notenbeeld met de technische en ritmische moeilijkheden enz moesten ze aankunnen en het moest eigenlijk niet nodig zijn dat je fel moest repeteren, maar meer over de inhoud van de muziek vertellen: hoe de componist het werk had opgezet en welke soort techniek hij daarbij had gebruikt.
De wijze van aanpakken moest namelijk niet helemaal overeenkomen met wat ze op de wekelijkse repetities gewend waren. Om ongeveer vijf uur was het slotconcert en daar moest je in het begin al rekening mee houden! Dit had je natuurlijk als leider niet direct onder controle en er zijn dan ook heel wat play-in's vastgelopen omdat de leiding helaas deze werkwijze niet beheerste. Er kwam dan geen vervolg, want de muzikanten lieten de volgende keer beslist verstek gaan.
Zo werden er play-in's georganiseerd voor de gewone muzikanten op hun vrije zaterdag en er waren de zogenaamde 'doordeweekse play-in's' die waren bedoeld voor mensen die niet werkten en dus niet aan de vrije zaterdag vast zaten. Dan had je nog de speciale play-in's voor senioren. Ook voor bepaalde gelegenheden werden soms grote play-in's georganiseerd. Zo werd er in Utrecht tijdens de jaarbeurs ook eens een senioren play-in gehouden waaraan ruim tweehonderd muzikanten aan deelnamen.

Een play-in anekdote

Op een keer kwamen ze eens van een of andere commissie uit Zutphen bij mij en vroegen of ik daar ook een play-in wilde leiden voor achthonderd muzikanten! De stad had namelijk 800 jaar stadsrechten en dat wilden ze onder andere met een grote play-in vieren. Hiervoor hadden ze een speciale compositie laten maken door Jacob de Haan, de 'Hanseatic Suite', een soort ode aan de hanzesteden Zutphen, Doesburg, Deventer en Kampen.

Nou ja, ik dacht: "een nieuwe uitdaging, dat is wel wat voor mij!". Maar toen ik daar later op een vroege ochtend kwam en daar die achthonderd stoelen zag klaarstaan, werd ik al wat minder enthousiast, maar ik kon niet meer terug. Toen ze allemaal op hun plaats zaten, leek het wel een leger muzikanten; daar zaten zo'n vijfendertig trombones, veertig trompetten, honderd klarinetten en ga zo maar door. Ik dacht: 'als er straks bijvoorbeeld iemand van die trompetten het Wilhelmus er doorheen speelt, hoor ik daar natuurlijk niets van, dus de trukendoos moet maar even open!'. Ik sloeg op een gegeven moment af en zei:
'Op de eerste trombonerij, de vierde man daar, ja u..., u speelt daar in de derde maat een A, maar er staat een As!'. Het werd volkomen stil, want iedereen dacht: 'Hoe kan dit?'. 'ja', zei de trombonist, 'mijn excuses hoor, ik had zo snel de voortekens niet gezien!'. Ik had het natuurlijk niet gehoord maar zag dat hij als enige van die rij een noot in de derde positie nam en de anderen namen die allemaal in de tweede! Nou, ik heb die hele dag nooit weer iemand gehoord, want ze dachten natuurlijk allemaal dat ik een wondermens was omdat ik een verkeerde noot kon horen terwijl er achthonderd muzikanten speelden. Het werd die middag een groot gebeuren! Zo kun je als het geluk je wat meezit soms mooie dingen beleven'!

Piebe Bakker wijst weg naar Guinness Book

ZUTPHEN - Op het 's-Gravenhof, aan de voet van de hervormde kerk in Zutphen, gaven zaterdagmiddag om 4 uur 800 Gelderse hafabra-muzikanten uit de regio Zutphen, aangevuld met 40 leerlingen van een muziekschool uit Walcheren, acte de présence, om een muzikale hulde te brengen bij het 800-jarig muzikaal bestaan van de stad Zutphen. De Friese dirigent Piebe Bakker had met de muzikanten in slechts vier uren een programma van acht composities ingestudeerd, die zij lieten horen aan een talrijk publiek. Met dit bijzondere staaltje, bewonderswaardig door dirigent en orkest geklaard, heeft men een plaatsje veroverd in het Guinness Book of Records.

Het orkest opende het concert met 'Fanfare and Queens Processional' van James Ployhar. Wij kwamen onder de indruk van dit musiceren. Alles was duidelijk, het klanktotaal was machtig het samenspel bewonderenswaardig. De dynamische tegenstellingen in de mars 'Jubilissimo' van Wim Laseroms waren uitstekend, de 'staande' bassolo sprak aan, het zangrijke trio werd muzikaal gespeeld en het slot-grandioso was glansrijk.

Het melodieuze element in de nieuwe vierdelige 'Hanseatic Suite', voor de jubilaris gecomponeerd door Jacob de Haan, stond voorop. Het is speelmuziek waar men graag naar luistert en geeft de uitvoerenden veel voldoening. Ik heb genoten van de muzikale interpretatie en het geheel was indrukwekkend. Het gedragen 'Hymn of Friendship' van Henk van Lijnschoten muntte uit door muzikaliteit met een machtig klankbeeld. De traditional 'Amazing Grace' kreeg een sfeervolle vertolking, de onderlinge zuiverheid was prima. 'My Way' van C. François boeide uitermate en het kleurenpalet van het orkest was een streling voor het oor.

De oude Duitse mars 'Graf Waldersee' van A. Oertel en een toegift waren een feestelijke afsluiting van deze geslaagde happening, die beloond werd met een ovationeel applaus.

Leerzame studiedag muziekkorpsen

Onder leiding van Piebe Bakker oefenen de muzikanten tijdens de muziekdag.

(Van onze correspondent)

ZUTPHEN - De play-in, of anders gezegd de muziekstudiedag die de Zutphense Orkest Vereniging zaterdag hield in De Brug, is een gezellige, leerzame dag geworden voor de zestig deelnemers van dertien verschillende muziekkorpsen uit de hele regio. Onder leiding van de bekende dirigent Piebe Bakker uit Wommels (Friesland) kwamen zaken aan bod waar de eigen dirigent vaak niet aan toe komt.

De deelnemers hadden geen moment de tijd om zich te vervelen. De dag ging van start met het over muziek praten - iets dat Piebe Bakker graag en met veel humor doet - en aan elkaar te wennen door middel van het spelen van toonladders en accoorden. Hierdoor werden de muzikanten 'aan de wieg van de improvisatie' gebracht en leerden ze dat improviseren niet zomaar iets spelen is.

Wat 's morgens moeilijk leek, bleek het orkest 's middags onder de knie te hebben. Om half vier werden de ingestudeerde werken nogmaals voor het publiek uitgevoerd, ondermeer 'Largo' van Freek Schorer en 'Blues, Promenade and Happy Tune', muziek van de Nederlandse componist Kees Schoonebeek.

Op de dirigent letten en begrijpen wat hij bedoelt was een punt dat de hele dag veel aandacht kreeg, evenals zaken als balans en klankverdeling in een orkest. Piebe Bakker stond daarbij op het standpunt dat het karakter van de muziek die gespeeld wordt het belangrijkste is; een verkeerd nootje is niet zo erg.

Op deze muziekdag, die de Zutphense Orkest Vereniging in samenwerking met de SAMO-Gelderland organiseerde, werd ook veel muziek van verschillend karakter en met verschillende maatsoorten gespeeld.

Dirigent Piebe Bakker toonde zich na afloop zeer tevreden, hij vond dat dit ééndags-orkest een goede toonkwaliteit had. SAMO-coördinator L.A. Schouten sloot de leerzame dag af en merkte in z'n dankwoord aan Piebe Bakker op dat hij zelfs het publiek nog een gratis theorielesje had gegeven.

Gerard Boedijn Vormingsdag

In 1977 werd door SAMO Noord-Holland een muziekfestival ingericht dat de naam "Gerard Boedijn Festival" kreeg. In 1985 zou dit evolueren tot de "Gerard Boedijn Vormingsdag" waaraan ook een "Boedijn Play-In" verbonden werd. Het festival brengt diverse Noord-Hollandse orkesten bij elkaar, terwijl de Play-In talrijke individuele muzikanten verzamelt. De bekende dirigent Piebe Bakker, zelf leerling van Boedijn, is vaak belast geworden met de leiding van deze Play-In. De eerste Play-In ging door op 30 maart 1985 te Purmerend en werd geleid door Jaap Koops, toenmalig directeur van de Marinierskapel der Koninklijke Marine.

Deze dagen vonden reeds plaats in Hoorn, Alkmaar, Purmerend, Haarlem, Amstelveen, Oostzaan, Noord-Scharwoude, Schoorl, Nibbixwoud, Hippolytushoef en Koedijk.

Deze vormingsdag brengt meestal een tiental blaasorkesten samen, die elk een vrij concertprogramma van ongeveer een half uur brengen. Eén van deze werken wordt op voorhand aan de jury bekend gemaakt en meestal wordt er ook één compositie van Boedijn uitgevoerd.

De jury bestaat steeds uit twee leden, die een schriftelijk en (sinds 1986 ook) een mondeling verslag uitbrengen. Piebe Bakker, Peet van Bruggen, Jan van Ossenbruggen, Willem Steijn en Kees Vlak waren o.m. lid van de jury.

VAASSEN — Rivaliteit kennen de vier harmonie- en fanfarekorpsen uit de gemeente Epe niet. Discipline wel, want om tien uur in de zaterdagmorgen heeft ieder orkestlid van de vier korpsen zijn plaats achter de lessenaar ingenomen. Voorlopig gebeurt dat nog zonder partituur omdat dirigent Piebe Bakker eerst wil weten hoe ver hij met zijn muzikanten kan gaan. Laat in de avond kan de dirigent tevreden terugblikken. Het grote, gelegenheids orkest heeft de improvisatieproef glansrijk doorstaan en zorgde voor een spectaculaire uitvoering.

Op uitnodiging van muziekvereniging Prins Bernhard uit Emst waren de muzikanten van Vriendschap uit Oene, de Koninklijke Harmonie uit Epe, het Vaassens Fanfare Corps en natuurlijk van Prins Bernhard zelf de hele zaterdag gemeenschappelijk bezig.

In eerste instantie beperkte dirigent Bakker zijn muzikanten tot het spelen van de grondtoon, terts en kwinttoonladders en gebroken drieklanken, alles als voorbereiding op het grote moment dat de muziek wordt uitgereikt. Met veel aandacht voor details, maar ook met humor leidt Piebe Bakker het geheel. Voor een laatkomer weet hij: „We zijn maar alvast begonnen, dat vindt u toch niet erg?"

Na een kwartier worden de partituren uitgereikt en kan het echte repeteren beginnen. De eerste tonen van een Engelse koraal klinken; er wordt nog even niet afgetikt, maar dan begint het grote werk. „Het spannend maken voor het publiek", zoals de dirigent opmerkt. Veel aandacht wordt er nu besteed aan articulatie, tempi, flexibiliteit en dynamiek. Met weinig woorden maar overduidelijk weet de dirigent zijn wensen over te brengen. Prima-vista spel is erg moeilijk, maar als geen ander weet Bakker de muzikanten te inspireren.

Ook 's middags wordt er ijverig gerepeteerd. Piebe Bakker neemt ruimschoots de tijd om met een solofluitiste een moeilijke passage door te nemen. Elke sectie, elke muzikant heeft zijn aandacht. Het geheel heeft iets weg van een master-clas. Bakker heeft grote waardering voor het orkest, zo laat hij tussen de bedrijven door weten.

UDDEL – Het Uddelse dorpshuis Het Blanke Schot vormde zaterdag het decor van een Play-In met 64 leerlingen van verschillende muziekverenigingen uit de regio, die werd afgesloten met een concert van alle deelnemers. Dirigent Piebe Bakker toonde zich na afloop zeer tevreden: „De leerlingen moeten voor deze dag geselecteerd zijn geweest door de verenigingen. Anders had ik nooit zo veel met ze kunnen bereiken."

Een Play-In is een evenement, waarbij muzikanten de kans krijgen een dag te musiceren met mensen van andere verenigingen onder leiding van een vakbekwaam dirigent.

Op één dag studeerden de muzikanten op acht muziekwerken die aan het einde van de middag in een groots concert ten gehore werden gebracht. Het enthousiasme van dirigent en leerlingen van alle leeftijden, straalde van de gezichten.

„Ik denk dat alleen de beste leerlingen van de verenigingen ingeschreven zijn" zei Piebe Bakker na afloop. „Het niveau was prima en dan kan je op zo'n dag veel bereiken. De oudste deelnemer was 78 en speelt al 68 jaar in een fanfareorkest. De jongste was 12 jaar en speelde ook al zeer verdienstelijk."

Met een hamoniebezetting in het orkest begeleidde Piebe Bakker zijn leerlingen en toehoorders door de eeuwen heen. Door tekst en uitleg over de muziek van barok tot popmuziek en de klanken van het orkest werd iedere aanwezige meegesleept in het enthousiasme van de muzikanten.

Na een welluidend 'Land of Hope and Glory' werd de middag besloten met 'My Way'.

Piebe Bakker een muzikale tovenaar

Door JAN LAMMERS

AALTEN - In de Aladna-sporthal in Aalten, waar enkele uren later het grote muziekspektakel onder leiding van componist Piebe Bakker in het kader van de landelijke Muziekdag zou beginnen, was zaterdag om zes uur de laatste repetitie. Deelnemers waren muziekvereniging De Eendracht, Aaltense Orkestvereniging, Advendo Lintelo, Crescendo IJzerlo, Excelcior Barlo en Excelsior Bredevoort.

Toen voorzitter Wim Westerveld namens de organiserende vereniging Crescendo uit IJzerlo het welkomswoord had gesproken tot een bomvolle sporthal, gevuld met muziekliefhebbers, kwam de maestro voor het voetlicht. Staande voor meer dan 250 Aaltense muzikanten nam hij het welkomsapplaus van de bezoekers in ontvangst. Bakker is ook bekend als jurylid en kreeg in 1989 de prijs 'Nederlandse Blaasmuziek' voor zijn stimulerend werk en propaganda-activiteit voor de muziek van eigen componisten.
Op de avond gaf Bakker duidelijke uitleg gegeven over muzieksoorten, maten en het verschil tussen fanfare en harmonie. Daarbij bleek dat de componist en dirigent, die juist zondag 2 juni zijn 67ste verjaardag vierde, ook een begaafd spreker is. Hij liet weten dat hij de muziekkorpsen in Aalten een warm hart toedraagt en dat hij drie keer met veel plezier naar Aalten is gereisd om tot een aanvaardbaar programma te komen voor deze avond.
Het programma werd in hoog tempo uitgevoerd met werken van Jef Penders, Henri Purcell, Händel en Mozart. Van diverse werken schreef Piebe Bakker de arrangementen.

Zowel de harmonie- als de fanfarekorpsen waren tot een geheel gesmeed in het samen uitvoeren van enkele werken en hierbij werd een hoge kwaliteit bereikt. Vocaal solist Johan Klein Nibbelink oogstte veel bijval, evenals het optreden van de percussion band onder leiding van Dick Mengerink. Ondanks de stijgende temperatuur in de sporthal genoot het publiek volop. Maar ook de muzikanten zelf waardeerden de avond en de boeiende uitleg van Bakker. Het concert werd ook bijgewoond door bezoekers uit Eisenach, die op dit moment op uitnodiging van de gereformeerde kerk in Aalten verblijven. Het gemeentebestuur was eveneens vertegenwoordigd. De sporthal was fraai aangekleed met bloemstukken, die door een aantal dames waren vervaardigd.
Het hoogtepunt van de avond was de gezamenlijke 'My Way' van Frank Sinatra, waarbij gastdirigent Bakker ook het publiek betrok. Met het volkslied werd de avond besloten.

Muzikale Play In moet volgens aanwezigen jaarlijks terugkerend festival in Emst worden

Prachtig huldebetoon voor Prins Bernhard

Van onze correspondent

EMST - De jubilerende muziekvereniging Prins Bernhard heeft haar zestigste verjaardag zaterdagavond op klinkende wijze gevierd. Bijna 300 muzikanten en zangers uit de gemeente Epe namen deel aan een groots opgezet huldebetoon. Naar schatting 400 toeschouwers woonden de Play In bij. Na afloop waren allen het roerend met elkaar eens: de Play In moet een jaarlijks terugkerend festival worden.

Het was zaterdagavond genieten geblazen in de hallen van containerspecialist Eiland BV aan de Oranjeweg in Emst. Niet alleen voor de toeschouwers, maar ook voor de deelnemers aan de Play In. De jubileumcommissie van Prins Bernhard had in totaal liefst 298 muzikanten en zangers opgetrommeld: 96 blazers, 22 accordeonisten, 85 koorleden en 95 leden van de diverse drumbands.
Het plezier voor de deelnemers begon al bij de repetities, die onder leiding stonden van de bekende musicus Piebe Bakker. Aan die generale oefening namen blazers deel van de Koninklijke Harmonie uit Epe, Vriendschap uit Oene, Vaassens Fanfare Corps en uiteraard van Prins Bernhard zelf.

Harmonie

De 70-jarige dirigent, afkomstig uit het Friese Wommels, dat onder de rook ligt van Drachten, zorgde voor eenheid en harmonie. ,,Dan merk je welke kwaliteiten Piebe Bakker heeft", stak de Emster muzikant Jan van Westerveld zijn duim omhoog. ,,In een mum van tijd weet hij precies waar de sterke en zwakke punten zitten. Als er iets niet goed gaat, legt hij het onmiddellijk stil en vertelt hij hoe het wel moet." Ook voorzitter Ard Brummel stak zijn waardering voor de Fries niet onder stoelen of banken. ,,Wij hebben als muzikanten een prachtige dag gehad", verklaarde de preses van Prins Bernhard. ,,Het heeft ons anderhalf jaar voorbereiding gekost, maar dat hebben wij er graag voor over gehad. Voor ons kon het 's middags tijdens de repetitie al niet meer stuk."

Gezellig

De leden van de jubileumcommissie hadden er alles aan gedaan om de feesthal zo gezellig mogelijk te maken. De optredende muzikanten en zangers stonden op een schitterend podium van 28 bij 23 meter, dat geheel met vloerbedekking was bedekt.
Onder de vele gasten bevonden zich burgemeester Eland en twee leden die aan de wieg van de jubilerende muziekvereniging hebben gestaan, Gait Visser en Bart Broekhuis.
Prachtig was vooral de finale, toen het treffend gekozen stuk 'Vaarwel, vaarwel, de eeuw verdwijnt' werd opgevoerd. Aan dit gezamenlijke optreden namen behalve de muzikanten ook de accordeonvereniging Kunst Na Arbeid en de koorleden van Zang en Vriendschap en Song and Relation deel.

De laatste jaren ging ik dikwijls mee naar Piebe's play-in's en moest dan vaak van die ingewikkelde toonladders op klarinet demonstreren. Later mocht ik samen met hem de programma's samenstellen, ontbrekende partijen uitschrijven en de mappen klaarmaken. Dat bespaarde hem veel tijd en hij had er wel vertrouwen in dat ik dat wel goed zou doen. Zo heb ik dat ook gedaan op de allerlaatste play-in in Loenen op 13 juni 2002. We speelden daar onder andere: The sound of music, Ontdek je plekje en de Folkloristische paraphrase van Gerard Boedijn.

Piebe's laatste grote play-in was op 2 maart 2002 in Harderwijk, georganiseerd door de stedelijke muziekvereniging aldaar. Ze hadden het jaar daarvoor ook al een grote play-in georganiseerd in verband met hun 125-jarig bestaan. Dat werd een groot succes. Er deden wel honderdvijftig muzikanten aan mee en voor aanvang van het de slotuitvoering was er voor ons allen een heerlijk Chinees buffet. Ik denk er met veel plezier aan terug. Al die ervaringen hebben op mij een onuitwisbare indruk gemaakt. De spontaniteit en de humoristische wijze waarop Piebe zijn kennis kon overdragen op de jeugd, staan voor altijd bij mij in het geheugen gegrift. Naast deze herinneringen denk ik ook met heel veel plezier terug aan de gezellige studiedagen van Grou. Vele muzikanten zullen deze herinneringen vast wel delen en eraan terugdenken hoeveel ze van Piebe konden leren in het tijdsbestek van vaak maar enkele dagen. Maar met die paar dagen kon je vaak wel weer een jaar vooruit! Ten minste, zo was mijn ervaring altijd.

> Met moeite pasten ze op het podium. De Friese dirigent Piebe Bakker had zaterdagavond zijn handen vol aan het gelegenheidsorkest dat met zo'n 150 muzikanten optrad in het Cultureel Centrum in Harderwijk. Aanleiding voor het eenmalige optreden is het 125-jarig bestaan van de Stedelijke Harmonie Harderwijk. Ter gelegenheid daarvan organiseerde zij een speciale play-in. Het was het eerste muzikale evenement dat de jubilerende harmonie dit jaar organiseert. Bij deze play-in studeerden zaterdag overdag ongeveer 150 muzikanten onder leiding van Bakker enige composities in. Deze werken brachten zij 's avonds als eenmalig 'mega-orkest' ten gehore. De avond had hierdoor een speelse aanpak. De deelnemende muzikanten wisten vooraf niet welke werken gespeeld werden en de meesten ontmoetten elkaar die dag voor het eerst. Dirigent Bakker 'praatte' de avond ook 'aan elkaar'. Hij vertelde tussen de werken door iets over het muziekstuk en componist.

Play-inn "Stedelijke Harmonie" te Harderwijk
op zaterdag 2 maart 2002.

Het programma staat in het teken van "Feest der herkenning" (melodieën, geschreven door grote componisten, welke door alle tijden heen populair zijn gebleven !)

1,	Fanfare and Queens Processional	James D.Ployhar
	Intrada	Jan de Haan
2.	Wake, awake	J.S.Bach / J.D.Ployhar
	Bleanwern (hymne)	W.P.Roland
	Angelus (hymne)	Arr. Piebe Bakker
	Schafe können sicher weiden	J.S Bach / W.Hautvast
3.	A Dutch overture	Willy Hautvast
	Song of Freedom	Jan de Haan
	For unto us	G.F.Händel / J.Hempel
4.	Aan mijn volk	Johan Wichers
	Preussens Gloria	Piefke / G.Lotterer
	De Zilvervloot	Jef Penders
5.	Don't mock Baroque (baritons)	Wilfred Shadbolt
	Largo (trompet)	Freek Schorer
	The two Imps (xylofoons)	Kenneth Alford
	Poème (alt sax.)	Z.Fibich
6.	Ontdek je plekje	Gretry / Piebe Bakker
	Pomp and Circumstance	Edw.Elgar / J.Kinyon
	Nimrod	Edw.Elgar / Moerenhout
	Show me	G.F.Händel / P. Bakker
7.	Elvis Presley selection	Arr. Willy Hautvast
	Costa Brava	Eric Osterling
	Espana Cani	P.Marquina / Hanniken
	Can - Can	J.Offenbach / P.Bakker

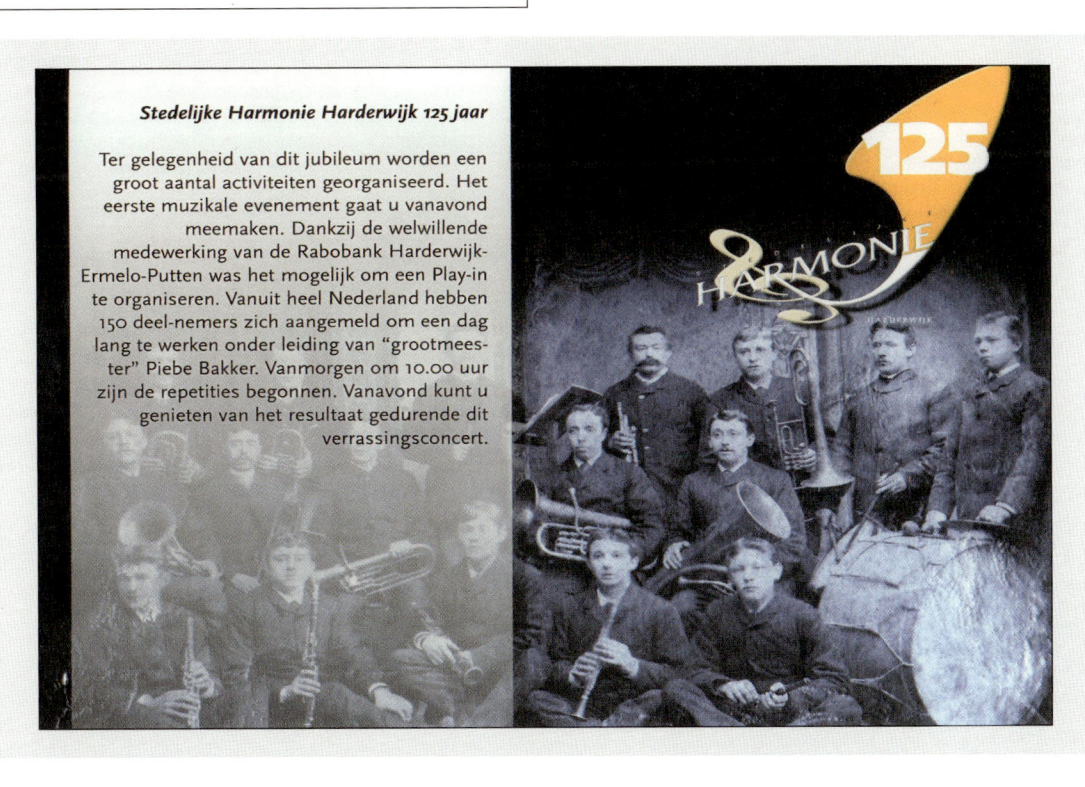

Stedelijke Harmonie Harderwijk 125 jaar

Ter gelegenheid van dit jubileum worden een groot aantal activiteiten georganiseerd. Het eerste muzikale evenement gaat u vanavond meemaken. Dankzij de welwillende medewerking van de Rabobank Harderwijk-Ermelo-Putten was het mogelijk om een Play-in te organiseren. Vanuit heel Nederland hebben 150 deel-nemers zich aangemeld om een dag lang te werken onder leiding van "grootmeester" Piebe Bakker. Vanmorgen om 10.00 uur zijn de repetities begonnen. Vanavond kunt u genieten van het resultaat gedurende dit verrassingsconcert.

De Rabo-concerten

Rabo-banken gaan koren en hafabra sponsoren

LEEUWARDEN - Het Europese Jaar van de Muziek, dat dit jaar gevierd wordt, zal in de komende jaren in Friesland een vervolg krijgen. In januari van het volgende jaar beginnen de Friese Rabo-banken met het project Rabo-Festivo dat zich richt op de Friese hafabrakorpsen en de koren. De bedoeling is, dat op een groot aantal plaatsen in Friesland het komende jaar koren en korpsen samen zullen gaan repeteren en samen concerten zullen geven. De opzet van het project is dat in de komende vier jaar in alle Friese gemeenten zo'n gecombineerde uitvoering gegeven zal worden. De eerste zal op 11 januari in Oosterend in Littenseradiel plaats vinden. De muzikale leiding van Rabo-Festivo is in handen van Piebe Bakker en Cor Roelofsen, directeuren van de muziekscholen van Koudum en Drachten.

Volgens Piebe Bakker heeft het project drie bedoelingen. In de eerste plaats is de manifestatie een mooie gelegenheid het grote publiek te laten zien dat hafabrakorpsen meer kunnen dan op straat spelen, maar ook een concert in een zaal kunnen verzorgen. Voor de korpsen zelf is het project een mooie gelegenheid om kennis te maken met nieuw en moderner repertoire. Speciaal voor het project hebben daarom de componisten Henk van Lijnschoten en Jacob de Haan, elk een muziekstuk geschreven. Tenslotte hopen de organisatoren dat de samenwerking binnen het project voor de deelnemende korpsen en koren, een aanzet zal zijn dat vaker te doen.

De opzet van de manifestatie is vergelijkbaar met die van het Frysk Festival, maar wel veel grootschaliger. In elke gemeente worden koren en korpsen uitgenodigd voor een gezamenlijke repetitie in een sporthal. Op de betreffende dagen, steeds een vrijdagavond en een hele zaterdag, wordt dan een programma ingestudeerd door alle deelnemende koren en korpsen samen. Bakker verwacht dat er zo gelegenheidsorkesten zullen ontstaan van enkele honderden leden, die dan op de zaterdagavond een concert van twee uren kunnen verzorgen. Twee vaste begeleidingsorkesten, het harmonieorkest Advendo uit Franeker en het Stedelijk Muziekkorps uit Sneek, zullen steeds een deel van het concert voor hun rekening nemen. Zij zullen van te voren met een, bij voorkeur plaatselijke, solist een aantal nummers instuderen.

Rabo-Festivo zal tijdens de zomermaanden stil komen te liggen. De ervaring met het Frysk Festival in mei en juni hebben geleerd, dat de publieke belangstelling dan erg tegenvalt. De gemeenten die volgend jaar aan de beurt komen, zijn Littenseradiel, Opsterland, Het Bildt, Achtkarspelen, Gaasterlân-Sleat, Dongeradeel, Sneek en Ameland. Mocht de belangstelling goed zijn, dan komen in de volgende jaren alle gemeenten aan bod.

De naam Rabo-Festivo is net als de jeugdstudiedagen van Grou, onlosmakelijk verbonden aan de naam Piebe Bakker. Ontstaan in 1986, werd het in de jaren daarna een groot succesvol gebeuren rondom de amateur-muzikant en koorzanger.

Piebe Bakker:

'Op verzoek van de Rabobanken Noord-Nederland, zijn er een aantal 'Rabo-concerten' gehouden in het kader van het stimuleren van de amateuristische muziekbeoefening binnen de koren en de korpsen. Dit kreeg de naam 'Rabo-Festivo'. Op 11 januari 1986 werd door drs Jaap Mulder, in die tijd gedeputeerde en later burgemeester van Tytjerksteradeel, het startsein gegeven voor deze reeks concerten. Hij dirigeerde daar toen zelf de openingstune. Het was een muzikaal gebeuren waaraan álle koren en korpsen uit de Friese gemeenten hebben meegewerkt. Met uitzondering van de zomermaanden werd er vier jaar lang iedere maand een Rabo-Festivo gehouden in één van de Friese gemeenten.

De koren kregen de muziek die moest worden uitgevoerd van te voren toegestuurd om dit op hun eigen repetities in te studeren. Ze kwamen dan de vrijdagavond bij elkaar als één groot koor om de stukken voor de zaterdag, de concertdag, door te nemen. De korpsen kwamen op de zaterdag zelf bij elkaar om de hele dag te repeteren. Het was net als bij de play-in's, dit om hun aandeel voor de avond in te studeren. De concerten werden meestal gehouden in de plaatselijke sporthallen waar dan door familie Van Kammen uit Oosternijkerk een groot podium met drie verschillende hoogten werd gebouwd en waar dan 's avonds wel driehonderd deelnemers op plaats namen. Alle concerten stonden onder leiding van Tseard Verbeek, Cor Roelofsen en mij.

Er waren op alle dertig concerten meestal wel duizend toehoorders; deze Rabo-concerten sloegen buitengewoon goed aan, zowel bij de bezoekers als bij de deelnemers.

Bij de koren hadden we altijd een paar vocale solisten en bij de korpsen stelden we iedere keer één soort blaasinstrument centraal. De ene keer waren dat bijvoorbeeld de trompetten, we hadden dan wel twintig trompetten voor het korps staan en de andere keer waren dat de hoorns of de trombones. We hadden voor deze vocale en instrumentale solisten altijd twee vaste begeleidingsorkesten, omdat zoiets te zwaar werd voor zo'n groot play-in orkest.

Deze begeleidingsorkesten 'Advendo' van Franeker en 'Het Stedelijk Muziekkorps' van Sneek verzorgden om de beurt de begeleiding. Met de nodige zorg zochten we het repertoire uit, want de koren en korpsen in Friesland stonden niet allemaal op hetzelfde niveau en we moesten daarbij ook rekening houden met de doelstelling: het stimuleren en activeren van de amateuristische muziekbeoefening. Het mocht beslist niet te moeilijk zijn want het moest voor iedereen een aangename avond worden.

De Friese Rabobanken hadden natuurlijk een groot aandeel in de organisatie van het geheel. Ze stelden niet alleen het geld hiervoor beschikbaar maar zorgden er ook voor dat alles tot in de puntjes werd geregeld; ze waren dan ook tijdens zo'n Festivo tegelijkertijd de gastheren voor de deelnemers, de toehoorders en de gasten.

De banken hebben zelf ook nog een keer of drie aan enkele componisten een opdracht gegeven om speciaal voor deze Festivo's een muziekstuk te schrijven. Eén van de vaste onderdelen van het programma was de medewerking van één van de Friese Skotsploegen onder leiding van Jan Kloetstra.

Deze reeks Rabo-concerten was een grote happening en we hebben het er erg druk mee gehad, maar gezien de vele positieve reacties, is het voor iedereen onvergetelijk geweest.

Drs. Mulder dirigeerde op eerste Rabofestival

Eerste Rabo-festivo muzikale happening

OOSTEREND - Onder leiding van de dirigenten Piebe Bakker, Cor Roelofsen en Tseard Verbeek hebben ruim vierhonderd muzikanten en zangers uit twaalf dorpen van de gemeente Littenseradiel van het eerste Rabo-festivo een muzikale happening gemaakt. Het gebodene stond op een goed niveau, waarbij men niet op een paar vlekjes kijkt. Na de Rabo-tune nam cultuurgedeputeerde drs. Jaap Mulder, de dirigeerstok ter hand. Met schwung leidde hij de openingsfanfare, waarna hij de amateuristische muziek- en zangbeoefening benadrukte.

Zaterdagavond in Kollum

Componist Henk van Lynschoten eregast op 9e Rabo Festivo

Zaterdag werd in de Van der Bij-hal te Kollum het 9e Rabofestivo gehouden. Een festivo uit de 31 die t/m 1989 in Friesland zullen worden georganiseerd en die, de naam zegt het al, financieel gesteund worden door de gezamenlijke Friese Rabobanken.
Zaterdag was het dus de beurt aan de gemeente Kollumerland. De plaatselijke Rabobank die dit jaar 75 jaar bestaat had door dit Festivo een feestelijke start van haar aktiviteiten.

Net als op de acht voorgaande Festivo's bestond ook dit Festivo uit drie delen. Ongeveer 90 koorleden hadden zich aangemeld om te zingen in het groot gemengd koor. Het hadden er wellicht veel meer zangers en zangeressen kunnen zijn, ware het niet dat vele koren op precies dezelfde avond een festijn hadden. Vrijdagavond oefenden deze koorleden aan het repertoire voor de zaterdagavond.
Zaterdagmorgen rond de klok van 10 uur verzamelden zich de mensen die mee gingen spelen in het Play Inn-orkest. Welgeteld 116 korpsleden, kwamen naar dit unieke gebeuren. Vanaf 10 uur tot 's middags 4 uur oefenden deze muzikanten snel muziek die men die morgen pas kreeg. Piebe Bakker, Cor Roelofsen en Tseard Verbeek, de drie dirigenten die ook alle muziek op het programma zetten, hadden deze dag weer veel nieuwtjes op het programma staan. De drie heren wisten de muzikanten weer optimaal te motiveren en dit was in het avondprogramma te horen.

Alles leek erop dat er veel publiek naar de Van der Bij-hal zou komen, want in de 'voorverkoop' (de entree was gratis) had men bij de plaatselijke banken ruim 400 kaarten afgehaald.

De weersomstandigheden waren er debet aan dat niet alle liefhebbers waren gekomen, maar het was weer ouderwets gezellig. Na de Rabo-tune, gespeeld door het begeleidingsorkest 'Advendo' uit Franeker en de Openingsfanfare door het Play Inn-orkest, gaf algeheel leider Piebe Bakker enige uitleg over het Rabo-Festivo en de muziek die gespeeld werd.

Opdracht

Voor de Rabofestivo's had de Rabobank een opdracht gegeven aan componist Henk van Lynschoten om enige muziek te componeren. De Rhapsody fan Fryslân, gespeeld door Advendo, en 'Fryslân Sjongt' door het gemengd koor met begeleiding van Advendo, kwamen van de hand van deze componist. Het was voor iedereen een grote eer dat de heer Van Lynschoten en z'n echtgenote deze avond aanwezig waren om nu eens van dichtbij al z'n muziek te aanhoren.

Showmaster Piebe Bakker.

Niet alleen muziek van Van Lynschoten werd gespeeld. Afwisselend Play Inn-orkest en door Advendo werd An occasional Suite van G.F. Händel gespeeld. Het koor was op dreef in 'Land of hope and glory', van E. Elgar. De Burgumer Volksdûnsploech liet de liefhebbers van de Fryske Skotsen weer smullen.
Wie in Kollum Slagter zegt denkt aan Jacob de hoornist van het concertgebouworkest, maar zijn zuster is ook goed, aldus Bakker. In melodieën uit de 'Sound of Music' liet Janneke Slagter horen dat zij een prima zangeres is.
Vijf trompetisten van Showband Advendo uit Sneek bliezen met begeleiding van het Play Inn-orkest de Triomphmars uit 'Aïda' van G. Verdi.
Ook deze avond kwam het hoogtepunt weer na de pauze. De 'Jonge prins fan Fryslân' in een arrangement van Piebe Bakker, werd gespeeld door het Play Inn-orkest.

Vier lyristen

Vier lyristen, drie uit Kollum en één uit Holwerd, speelden 'Preuzzens Gloria' van H. Piefke. 'Arioso (Dank sei Dir Herr)' van G.F. Händel in een bewerking van Jan de Haan werd heel mooi gezongen door het koor met een prima begeleiding van Advendo.

Twintig hoornblazers speelden 'Air Poëtique' van Ted Huygens, synoniem voor Henk van Lynschoten. Van alle twintig blazers kreeg Van Lynschoten een mooie roos aangeboden. Jacob de Vries uit Dokkum en Harmen Zwart (Rabobank medewerker uit Kollum) waren prima solisten in Scottisch Souvenirs op Barryton.
Ineke Palsma en Yvonne Beem speelden op trompet solistisch de Baker Street van Jac. Trombey. Dirigent Tseard Verbeek was als altijd subliek op jachthoorn in de Jachthoorngalop.
Het Play Inn-orkest was prima op dreef in de Elvis Presley selektion. Indrukwekkend waren de zestien trombonisten in hun solistisch optreden. Advendo Franeker was in het komisch nummer Heykens serenade prima; Piebe Bakker was hierin een boeiende verteller. Gosling Veldema uit Holwerd, één van 'onze' vaste medewerkers, aldus Bakker, was in de Tellfantasie van Fr. Krüger een goeie xylofoon-solist met begeleiding van Advendo.
My Way van Frank Sinatra was ook op deze avond een indrukwekkende afsluiter van Play Inn-orkest en begeleidingsorkest Advendo. Bloemen voor solistische medewerkers en artistieke leiders waren er van de 75-jarige Rabobank uit Kollum. Voorlopig was dit het laatste Rabofestivo in N.O. Friesland.

Het horn choir.

Een bos bloemen voor de organisatoren Piebe Bakker en Cor Roelofsen.

En als toegift...nog even My Way.

25e Rabo-Festivo in sporthal 'Maggenheim' trok 800 bezoekers

MAKKUM – Het 25e Rabo-festivo zaterdagavond in de sporthal 'Maggenheim' te Makkum is met de 800 bezoekers een daverend succes geworden. Het was dan ook een heel feestelijk gebeuren, de sporthal was in korte tijd omgebouwd tot een sfeervolle concertzaal. Een groot gemeentelijk koor, gevormd door 175 leden van zangverenigingen en groepen in Wûnseradiel, en een zgn. 'play-in-orkest' bestond uit 125 muzikanten samengesteld uit leden van de muziekverenigingen en Wûnseradiel. Deze zijn zaterdagmorgen om tien uur aan de repetities begonnen –het koor vrijdagavond en zaterdagavond om acht uur presenteerden de 300 medewerkenden zich zowel vocaal als instrumentaal aan de honderden bezoekers.

Solistische medewerking verleenden o.a. de twee zangsolisten Aukje v.d. Meer-Kamstra en Harm Haagsma. Te beluisteren waren ook de professionele trompetisten Tijmen Botma, Marten Miedema, Marten v.d. Wal en Tseard Verbeek.

Eén van de vaste begeleidingsorkesten bij de Rabo-festivoserie is het Stedelijk Muziek Corps uit Sneek. Verder werd medewerking verleend door de Folkloristische Dûns-Muziek en Sjongploech 'De Eastergoa Skotsers' uit Burgum, en het Lyra-korps Hallelujah Makkum en majorettes uit Makkum en Witmarsum.

Het vijfde lustrum programma bood voor elk wat wils. Ter gelegenheid van dit 25e Rabo-festivo dat plaats vond in Makkum, werd aan de drie vaste muzikale leiders en tevens organisatoren van de Rabo-festivoseries de heren Piebe Bakker uit Wommels, Cor Roelofsen uit Drachten en Tseard Verbeek uit Oosterend, een bord van Makkumer aardewerk aangeboden, als waardering voor het vele werk dat dit trio doet in de serie populaire muziekseries. Zij verzorgen in alle 29 Friese gemeenten een dergelijk Rabo-festivo.

Sopraan Aukje van der Meer-Kamstra zingt met begeleiding van 'advendo' Franeker o.l.v. Cor Roelofsen.

'In West-Friesland zijn er toen op verzoek van de Rabobank ook nog enkele Rabo-Festivo's gehouden in Wervershoof, Winkel, Opmeer en in Hoorn. Maar dit gaf toch met de voorbereiding teveel moeilijkheden voor ons en we hebben dat toen niet doorgezet naar alle gemeenten in Noord-Holland. Ze waren trouwens wel heel enthousiast over de Rabo-Festivo's in de gemeenten waar we waren geweest'.

Regionaal muziekevenement Rabo Festivo groot succes

Vorige week had in de sporthal De Dars te Wervershoof onder de naam Rabo Festivo een voor Noord-Holland unieke muziekmanifestatie plaats. Leden van diverse fanfare-, harmonie- en zangverenigingen waren uitgenodigd om een dag met elkaar te repeteren op een aantal werken en 's avonds een uitvoering te geven, waarbij diverse solisten werden begeleid, onder wie Gea Lont van Apollo uit Den Oever.

Grote animator achter dit idee, dat in Friesland al met zeer veel succes is beproefd, is de bekende dirigent (en muziekschooldirecteur) Piebe Bakker, inmiddels ook dirigent van Apollo. In Friesland werd de Rabobank bereid gevonden deze muziekmanifestaties financieel te ondersteunen. Piebe Bakker vertelt: „Iedere beoefenaar van een hobby wil zich wel eens manifesteren. Dat kost in de regel nogal wat geld, zeker de grotere evenementen. Een bank was bereid het een en ander te steunen, maar daar moest dan wel wat tegenover staan. De muzikanten moesten dan wel voor de volle honderd procent laten zien, wat ze kunnen maar dat bleek geen probleem te zijn."

Daar het voor Noord-Holland de eerste keer was, dat een dergelijk muziekfestival werd gehouden, had Piebe Bakker, die deze avond samen met Cor Roelofsen en Tseard Verbeek de muzikale leiding had, de hulp ingeroepen van het uit Franeker afkomstige harmonie-orkest Advendo, dat met dit festijn al ervaring heeft opgedaan. Daarnaast waren er leden van zeventien uit de omgeving afkomstige orkesten en koren, die een immens orkest van zo'n 150 mensen vormden.

Advendo opende het festijn met de Rabobank-reclame-tune, waarna P. Bakker het ruim duizend koppen tellende publiek welkom heette. Met zijn ontspannen en gemakkelijke spreektrant wist hij het publiek al snel op zijn hand te krijgen. Tot het publiek zei hij verheugd te zijn een festival als dit nu eens in Noord-Holland te kunnen houden, mede omdat hij heeft gemerkt dat het niveau van de Noordhollandse orkesten de laatste jaren heel duidelijk stijgt.

Het programma, dat door het play-in orkest in één dag werd ingestudeerd, bood een grote verscheidenheid aan werken; er was duidelijk rekening gehouden met de wensen van een breed publiek.

Al zeer snel bleek het grote orkest over een prachtig vol en massief, maar toch ook helder geluid te beschikken. Het opende met „Cordilleras de los Ardes" van Malando/Vlak. Hierna trad de eeste soliste, de harpiste Karin van Ossenbruggen (Hoorn) op met de „Occasional Suite", een suite waarin vier werkjes van Händel zijn verwerkt. Advendo toonde onder leiding van T. Verbeek ook zeer goed te kunnen begeleiden, wat tamelijk lastig kan zijn. „Land of Hope and Glory" werd vocaal ondersteund door het koor. Helaas klonk dit niet zo helder als het orkest; waarschijnlijk was dat te wijten aan de geluidsversterking.

Na een vrolijk optreden van de Westfriese dansgroep uit Midwoud begeleidde het (grote) orkest twee jonge leerlingen van Tjeerd Verbeek, die in het leuke werkje „Baker Street" hun kunnen toonden. Met liedjes uit „The Sound of Music" trad een zangeres voor het voetlicht, die zeker een aankomend talent genoemd mag worden, Mirjam Groot. Zij geniet in de omgeving al veel bekendheid door haar vocale prestaties. Haar heldere en vooral zuivere stem wekte terecht veel bewondering, en ze werd op uitstekende wijze begeleid door Advendo.

Piebe Bakker, altijd vol verrassingen, stopte haar geheel onverwacht de tekst toe van „Stay with me..." van de prachtige LP/CD „The young Amadeus Mozart". Ze vertolkte dit schitterend, onder begeleiding van het grote orkest.

Voor „een Wierings tintje" zorgde het solistische optreden van fluitiste Gea Lont, die, begeleid door Advendo en Karin van Ossenbruggen, het menuet uit „l'Arlesienne-suite" op formidabele wijze neerzette. Veel succes oogstte P. Bakker met zíjn visie op „Heykens Serenade". De laatste solist op het programma, Goslin Feldema, liet met het virtuoze nummer „Flying Fingers" op zijn xylofoon het publiek de adem inhouden.

Dit festival heeft duidelijk bewezen aan een grote vraag te voldoen, zowel van de kant van de muzikanten als de liefhebbers van harmonie- en fanfaremuziek; muzikanten krijgen de gelegenheid nieuwe ervaringen met andere musici op te doen terwijl liefhebbers kunnen genieten van muziek op een hoog niveau.

Het volgende Rabo Festivo vindt in Wognum plaats op zaterdag 21 maart.

Half acht, het uur van aanvang van het Rabo jubileum festival in de grote zaal van de Rolpeal op zaterdagavond 3 oktober jl. Om zeven uur gingen de deuren van het complex open en direct al was er een flinke toeloop. Heel snel liep de zaal vol en dat betekende zes honderd aanwezigen binnen de muren. De muzikanten en zangers hadden eveneens hun plaatsen op het grote podium ingenomen en met een aantal van vier honderd, mochten zij op deze avond hun kunnen tonen. Er klinkt applaus en dat is voor de binnenkomst van twee mannen, die deze avond de touwtjes in handen zouden hebben. De dirigenten Piebe Bakker, eveneens speaker en zijn assistent koordirigent/pianist Gezinus Veldman uit Vroomshoop.

Zo'n duizend mensen in de grote zaal van de Rolpeal, betekende dat er gesproken kon worden van een volle bak.
Piebe Bakker vooraf: ,,Ik ben er klaar voor en heb er zin in. De spanning is er en de uitdaging ook. We gaan er een prachtig feest van maken".

Programma

You never walk allone, is de openingstune en tevens de Rabomelodie. Piebe Bakker pakt de microfoon en wijst er op, dat dit een avond zal worden verzorgd door echte amateurs en dat zijn: Leden van alle muziek en zangverenigingen uit de Zuidwesthoek, een massed band, een groot gemengd koor, begeleidingsorkest streekharmonie Concordia, instrumentale en vocale solisten.
De zaal is in de bloemen gestoken en hiervoor tekenden Hoveniersbedrijf Gietema en Bloemsierkunst Groen.
Muziek met de Rhapsody from Friesland, waarin natuurlijk veel herkenbare fryske sankjes. Händel schreef An occasional suite en daaruit nu een marsachtig stukje, een aria en een vuurwerk suite.

Dan is het de beurt aan het koor en dat brengt het Ambrosiaanse Lofgezang en de Battle Hymn. Gezinus Veldman, docent aan het conservatorium te Groningen, staat voor zijn troepen en weet er een pakkende vertolking van te maken.
Bankmedewerkers tonen hun kunnen, als solist treedt op Piebe Haanstra en als duo de dames Mariska van der Zee en Nellie Leentjes. Ook voor deze muzikanten natuurlijk een gul applaus.

Het lied dat grote bekendheid kreeg toen een Griekse zangeres dit op haar repertoire plaatste, Only Love can make a memory, wordt nu gebracht door het vrouwenkoor en het mannenkoor vervolgd met Exodus Song. Twee toppers die aanspreken en bijzonder goed gestalte kregen.
The Trompet Tune is plezierige

Aukje van der Meer, sopraan, treedt op als soliste in de nummers Die Nachtigall en Chiribiribin. Bariton Piet de Jong brengt het nummer: The day you sang this song. Aukje en Piet scoorden bijzonder hoog bij de aanwezigen en mochten een ovationeel applaus in ontvangst nemen.

muziek. Dit nummer wordt gevolgd door Theatre Music, waarbij Gezinus Veldman de piano bespeelt, koor en muziek er toe bijdragen dat het een pakkende vertolking wordt. Hetzelfde kan gezegd worden van The Old Hundreth.

Een groep uit Israël won destijds het songfestival met het lied Halleluja. Het grote gemengde koor met begeleiding van piano en orkest scoort bij het Rabo Festivo hoog met de vertolking van dit leid. Daverend is het dankapplaus.

Costa Brava heeft iets, Laaksum is hard op weg om iets te krijgen. Nu nog het nummer Costa Brava, misschien over een paar jaar het nummer Costa Laaksum of iets van dien aard. In elk geval Costa Brava is een lekker vlot nummer. Piebe Bakker drukt vervolgens een heel plezierig dik stempel op het nummer Heykens serenade, 'Op de hoek van de straat' enz. Piebe trekt met dit nummer de wereld door en bezoekt Duitsland, Japan, België en komt weer terug op Nederlandse bodem en nog steeds, jawel: Op de hoek van de straat! Humor met muziek.

Toegift

Het zit er aan te komen, het jaar 2000 met het millennium probleem. De Millennium Song wordt het slotnummer waarin koor, orkest en solisten nog eenmaal de kans krijgen zich te laten horen. En hoe. De laatste noot drijft weg, de zaal rijst omhoog en een geweldige slotovatie klinkt.

Het is voorbij deze avond van veel genieten, luisteren naar bekende muziek en zangnummers.
Niet te hoog gegrepen, het lag allemaal zo goed in het gehoor, het sprak zo aan, het was zo herkenbaar.

Iemand zei bij het verlaten van de zaal ,,Zou de bank het volgend jaar weer honderd jaar bestaan"!

De Rabo-Musico's

Piebe Bakker:

Op aandringen van de banken hebben we deze concertreeks later nog uitgebreid in de vorm van Rabo-Musico's. Er zijn in dit verband nog twaalf concerten georganiseerd, maar nu in samenwerking met de Friese muziekscholen. Ieder jaar vier concerten, zodat dit ook drie jaar duurde. Aan deze Musico's was ook een kleine wedstrijd verbonden: welke muziekschool de beste solisten in huis had. Een vijftal directeuren van een aantal muziekscholen fungeerde als jurylid. Ze hielden net zoals bij het kunstschaatsen gebruikelijk was, meteen na het optreden de bordjes met het aantal punten omhoog. Was de zaal het er niet mee eens, dan werd er natuurlijk luid 'Boe' geroepen. De beste solisten mochten een opname verzorgen voor 'Omrop Fryslân' en kregen van de Rabobank als prijs een bokaal.

PROGRAMMA

TEVENS BEWIJS VAN TOEGANG

RABO-MUSICO

IN SAMENWERKING MET DE

FRIESE MUZIEKSCHOLEN

Rabobanken gaan door met muziekproject

LEEUWARDEN - De Friese Rabobanken gaan door met hun muziekproject. Ze hebben voor hun muzikale aktiviteiten echter een andere doelgroep gekozen. Werkten aan 'Rabo Festivo' veelal volwassenen (vooral koren) mee, in de nieuwe 'Rabo Musico'-serie zal de jeugd meer aan bod komen. De serie wordt in overleg met de directeuren van Friese muziekscholen opgezet en uitgevoerd.

De komende drie jaar zal de reeks worden gehouden in twaalf verschillende dorpen en steden in de regio's, waar de Friese muziekscholen werkzaam zijn. De uitvoeringen zullen voor het merendeel weer in tot concertzaal omgebouwde sporthallen worden gegeven. Het evenement in Drachten wordt op 20 april volgend jaar in De Lawei gehouden.

Het is de bedoeling van de organisatoren dat zoveel mogelijk leerlingen van de muziekscholen aan de serie meewerken. In opdracht van de Friese Rabobanken heeft de componist Jan de Haan er een speciaal werk voor geschreven. Het heet 'The universal bandcollection' en zal door blazers, strijkers, pianisten, blokfluitisten, accordeonisten en anderen worden vertolkt. Aan de serie is een een wedstrijd voor solisten verbonden, die aan het eind van de rit de beste Friese muziekschool-solist moet opleveren.

De start is op 1 december in Sneek, vervolgens zijn Drachten (20 april '91), Sint Annaparochie (1 juni '91 en Bolsward (7 december '91) aan de beurt. De rest van de muziekscholen komen in 1992 en '93 aan bod.

In uitverkochte Sneker Sporthal

Musico groot muziekfeest

Door Ruurd Walinga

SNEEK – Friesland heeft dit jaar al vele culturele hoogstandjes beleefd. Noem alleen maar de gigantische Frysk Festival-produkties als Mata Hari, Suver Nuver en Richard III van Tryater. En alsof dat nog niet genoeg was, barstte afgelopen zaterdag in de Sneker Sporthal het muziekproject Rabo Musico los. Een muziekspektakel dat de komende jaren in heel Friesland in samenwerking met de muziekscholen opgevoerd zal worden. Een muziekfeest voor jong en oud.

Eigenlijk is het met geen pen te beschrijven wat je op Musico beleeft. Was Rabo Festivo, dat drie jaar lang alle Friese gemeenten aandeed, al een prachtig, vrolijk muziekgebeuren, Musico is nog grootser. Ook is het nog afwisselender. Een met ruim tweeduizend man meer dan uitverkochte Sneker Sporthal genoot van volle teugen van een waar muziekfeest, waar kinderen de boventoon voerden en de harten van hun ouders, grootouders en andere belangstellenden sneller deed kloppen.

De première van Rabo Musico kan op alle fronten geslaagd worden genoemd. Dat kan ook gezegd worden van het Provinciaal Harmonie Orkest onder leiding van Piebe Bakker. Het jeugdorkest, dat onder auspiciëen van SAMO-Friesland is opgezet, gaf zijn visitekaartje af in 'Moment for Morricone', de ontroerende filmmuziek in een arrangement van Joh. de Meij. Maar ook als begeleidingsorkest waren de muzikanten tussen de 15 en 21 jaar op dreef. Zo kwamen de solisten Harm Silvius op trompet en Jens Bos op klarinet prima naar voren dank zij de beheerste begeleiding van het Provinciaal Harmonie Orkest.

Het sterke punt van Musico is de veelzijdigheid. Van het begin tot het einde passeren allerlei muziekstijlen en instrumenten de revue. Zo ontroerde een houtblaasen snarenensemble van minstens vijftig tweede jaars AMV-leerlingen de zaal met de bekende Eurovisie-tune, een aardige volksdans en een goed verstaanbaar lied. Vlak daarna zorgde een klarinetensemble voor een exotische sfeer, liet het koper ensemble van de muziekschool Sneek en Wymbritseradiel horen waarom ze eerder dit jaar tweede van Nederland waren geworden en gaf het groot 'school-orkest' een vlotte vertolking van 'Danserije'.

Waardige opvolger

Na de pauze werd Musico als het ware één grote reclame-spot voor de muziekschool uit Sneek waarvan Wybren Valkema de leiding heeft. Zo was er een stevig optreden van de popgroep, een aantrekkelijke presentatie van een fluit- en saxofoon ensemble en niet te vergeten een schitterende slotuitvoering van The Cats, de musical van A. Lloyd Webber in een arrangement van Joh. de Meij. In The Cats kwam de harp-afdeling mooi naar voren en zorgde de balletklas voor een fraai en toepasselijk visueel aspect. Al met al een avond waar de bezoekers nog lang over na zullen praten. Musico is een meer dan waardige opvolger van Festivo, dat van de muzikale leiding echter wel wat meer vraagt, omdat presentator Piebe Bakker niet voor niets tegen de jeugd opmerkte dat "jullie niet alleen moeten leren muziek te brengen, maar ook moeten leren luisteren".

Van enkele concerten zijn CD's gemaakt en er is een verzamel-CD uitgekomen met daarop de hoogtepunten uit de gehele reeks Festivo's van 1986-1990.

'Hichtepunten út de Rabo-Festivo's'

Een opmerkelijk aardige Eurosound digital compact-disc is uitgebracht door de opnamen van het veertiende Rabo-festival te Franeker. Daar was een voor Friezen zeer attractief programma in elkaar gezet dat de vele toehoorders in vuur en vlam zette. Eurosound te Herveld heeft er met veel vakkundigheid een erg mooie compact-disc van gemaakt.
De muzikale leiders van dit programma zijn de welbekende Piebe Bakker, Cor Roelofsen en Tseard Verbeek.
Van de medewerkenden noemen we het Harmonieorkest 'Advendo' te Franeker, het Stedelijk Muziekkorps te Sneek, de gemengde koren uit Bolsward, Drachten en St. Annaparochie en Oude Bildtzijl. Daarbij hadden solistische medewerking verleend Etty v.d Mei, zang, Bart Bakker,
piccolo, Gosling Veldema, xylophoon en Tseard Verbeek, posthoorn. Het is een disc met vrolijke muziek en zang. Er waren voor dit festival speciale composities gemaakt door Jacob de Haan en Henk van Lijnschooten.
De opnamen zijn zeer geslaagd, en men kan vanuit de huiskamer nog eens ten volle genieten van de Friese zang (die duidelijk te verstaan is) en van prachtige instrumentale klanken. Misschien is deze plaat wat chauvinistisch opgezet, maar dat is te vergeven, gezien het feit, dat deze plaat voornamelijk bedoeld is voor de Friese Rabo-cliënten.
'Hichtepunten uit de Rabo-Festivo's yn Fryslân' moet u dan ook lezen als hoogtepunten uit de Rabo-festivals in Friesland. Het is heel goed dat men eens kennis maakt met de Friese muziekcultuur langs deze weg.

D. Reens

Omrop Fryslân

Piebe Bakker vertelt over zijn functie als klankregisseur:

'In de jaren vijftig was er één regionale omroep voor de drie noordelijke provincies Groningen, Friesland en Drenthe. De naam was toen RONO (Radio Noord en Oost). Deze omroep was gehuisvest in een mooi oud gebouw aan het Martiniekerkhof in Groningen. Er was toen nog geen vaste rubriek voor de koren en korpsen, maar als er soms een korps moest worden opgenomen, werd ik gevraagd om de klankregie te doen. Mijn bazen waren toen Beukema en Willem Beetstra. Jan Deddens en Diederik Rodermond deden de techniek.

Ik zou dan wel musicus zijn, klankregisseur was toch wel héél wat anders. Ik werd wat dat betreft zo voor de leeuwen gegooid en moest mij er maar mee redden! Van die technische jongens heb ik toen veel geleerd. Natuurlijk ook door er veel over te lezen, door tijdens een opname goed je oren en je ogen te gebruiken en door alles in je op te nemen heb ik mij dit vak zo langzamerhand eigen kunnen maken. We hebben in die tijd ook nog eens een wedstrijd georganiseerd onder de korpsen van Groningen.

Studio Martiniekerkhof Groningen.

---

radio fryslân

„Sjonge en Spylje"

is een programma over „koren en korpsen" in Friesland en het wordt uitgezonden op de dinsdagavond van 18.10-18.45 uur op kanaal 5, 88.6 MHz. met ingang van 6 oktober a.s.
De planning voor de eerste maanden ziet er als volgt uit:
  6 okt. 1981 - Fries Jeugd Orkest
 13 okt. 1981 - Wonseradeelkoor + -kapel
 20 okt. 1981 - Fries Vokaal Ensemble „Cantare"
 27 okt. 1981 - Lords Moor Singers
  3 nov. 1981 - muziekschool
 10 nov. 1981 - fanfare „Concordia" Exmorra
 17 nov. 1981 - muziekschool
 24 nov. 1981 - kinderkoor „Prelude" uit Berlikum + Chr. Bildts Dubbelkwartet
  1 dec. 1981 - muziekschool
Het is de bedoeling om in de winterplanning 1981-'82 aandacht te schenken aan alle muziekscholen in Friesland. In deze programma's zullen de docenten van de muziekscholen optreden als „uitvoerend kunstenaar".

Ik ging dan bij de verschillende dorpsorkesten langs en de beste korpsen hiervan kwamen dan in aanmerking voor een opname. Albert Niemeijer had hiervoor speciaal een mars geschreven en de opnames werden gemaakt in de studio, daar was wel aardig wat ruimte. Als we dan de provincie in moesten, hadden we een grote zwarte auto die voorheen werd gebruikt als lijkwagen. We hadden daar een bandopnameapparaat in staan met wat microfoons en standaards. Dan kwamen we bijvoorbeeld in het dorp waar de opname moest worden gemaakt, meestal in een kerk, zetten het bandopnameapparaat in de consistoriekamer, stelden een stuk of vier microfoons op en maakten zo de opnames. Het was allemaal nog vrij primitief, maar we konden ons wel redden.

Later, in 1968, werd de studio vlakbij de Prinsentuin in Leeuwarden in gebruik genomen en in 1978 kregen alle drie provincies zelf hun eigen omroep. Ze stonden nog wel onder de NOS en we kregen toen in Friesland ook ons eigen technisch personeel. De klankregie deed ik toen niet meer alleen, Frits Smienk deed dit later voor Groningen, Jan Tijink voor Drenthe en ik voor Friesland. De opnames van Radio Friesland werden toen zoveel mogelijk gemaakt in onze eigen studio. Als we al eens de provincie in moesten, dan leenden we de auto van Groningen en ging Willem Beetstra nog mee als technicus. Het hoofd van Radio Friesland was toen S.J. Strykstra en de programmaleider was Klaas Wielinga. Toen heette het programma 'Sjonge en Spylje' en de redactie was in handen van Simen Dykstra; daar had ik het meeste mee te maken. Als tune van het programma hadden we een stukje van de mars 'De jonge prins van Friesland'.

In een euforische stemming werd er toen zelfs nog een RONO-korps opgericht, dat uit een aantal van Friesland's beste muzikanten bestond. Een keer per maand kwamen ze in de studio van de Prinsentuin bijeen om per jaar een aantal opnames te verzorgen. Toch bleek na verloop van tijd dat het te duur werd en het is dan al weer snel verdwenen.

In 1983 kreeg Radio Friesland meer zendtijd zodat er ook meer opnames konden worden gemaakt. De naam van het programma veranderde in 'Muzyk Maskelyn' en de redactie kwam in handen van Janny Hoekstra en Jan Ottevanger. Het hoofd van de omroep werd toen Marinus de Boer. Radio Friesland werd later Omroep Fryslân en we kregen toen ook een eigen reportageauto. Nou, dat was natuurlijk een hele verbetering. We hebben tot nu toe altijd met hetzelfde team gewerkt, alleen door het overlijden van de directeur, Marinus de Boer, is er nu een nieuw hoofd gekomen: Pim Gaanderse. Alle weken hebben we nu een uitzending, s'zondags van twaalf tot een. Hiervoor moeten heel wat opnames worden gemaakt. Met daarbij de vereiste audities die hieraan vooraf gaan, neemt dit alles altijd veel tijd in beslag.

Naast de radioafdeling is er nu ook een televisieafdeling gekomen. Soms werk ik ook wel eens als klankregisseur voor een televisieprogramma bij een van de andere omroepen. Maar geef mij toch de radio maar; bij de televisie draait het hoofdzakelijk om het mooie plaatje en de perfectie van de muziekopnames kan hen hierbij weinig schelen. Zo mag er bijvoorbeeld ook geen microfoonstandaard in beeld komen!

Het is soms wel moeilijk werk als een dirigent of dirigente meent dat ze veel beter kunnen zingen of spelen dan dat het is opgenomen. Dan denk ik wel eens: "het is net als bij een groepje vrouwen dat tegen de fotograaf dikwijls zeggen dat ze niet mooi genoeg op de foto staan, hij kan dan moeilijk zeggen dat ze zelf nou ook niet direct de schoonheidsprijs verdienen". Maar ja, ik heb ook dit werk altijd met groot plezier gedaan.

Zo heb ik meer als veertig jaar de provincie doorgereisd om radio-opnames te maken. Een opname stelde toen nog heel wat voor. Het was voor de mensen een zenuwslopende gebeurtenis dat muzikale prestaties werden vastgelegd, ook omdat toen de amateur-muziek nog in de kinderschoenen stond en nog echt 'amateuristisch' was. In mijn begintijd als klankregisseur was van alle dirigenten 80 % nog amateur. De dominee of de schoolmeester kwam al gauw in aanmerking voor de positie van dirigent. Ik ben wel bij koren geweest en dan was het net alsof ze in de kerk zaten te zingen, maar koorzang was het niet! Tegenwoordig zijn de verhoudingen juist omgekeerd: 80% van de dirigenten heeft een opleiding genoten en is daar professioneel mee bezig. Dat heeft er ook voor gezorgd dat mijn rol door de jaren heen is veranderd. Vroeger was het zo dat ik nogal wat tips en adviezen moest geven, dat is nu niet meer zo nodig. Nu hebben ze ervoor geleerd en weten ze zelf hoe ze het moeten aanpakken. In de winter maken we twee opnames per maand voor de uitzending van het programma 'Muzyk Maskelyn', dat s'zondags word uitgezonden. De radio heeft nog altijd een sterke voorbeeldfunctie voor het korps en koorleven. Een regionale omroep kan en mag zich daarvan niet afzijdig houden. Ik vind het bijvoorbeeld ook jammer dat bijvoorbeeld de NCRV steeds minder in die sector doet. Maar dat koren en korpsen samen in een programma worden gestopt is niet iedereen naar de zin. Soms bellen mensen mij op en vragen dan wat er voor komt, een koor of een korps. Als het een koor was, dan zou hij niet luisteren.

Ik heb het eens meegemaakt dat ik ergens kwam om een opname te maken voor de radio en dat er twee mensen zongen. En die ene zong onzuiver. Toen dacht ik: 'dit is niet best'. Ze hadden dat stuk natuurlijk al langer op het repertoire staan en dat zongen ze al een tijd zo. Je kunt dan wel zomaar zeggen dat het vals is, maar daarmee heb je nog geen opname gemaakt.

Nou, ik eens even met die mensen praten. Ik zei: 'u heeft een prachtige stem, kunt u dat couplet eens voor mij voordragen, opzeggen ?'. Hij het opzeggen. Ik daar nog eens mee bezig. Dat even langzamer. Op de achtergrond de muziek er bij. En hij het opzeggen – het kwam weer net niet uit–. Nog eventjes wat hoogtepuntjes er in 'Oh man, dat klinkt fantastisch !. En dan moest uw medezanger eigenlijk alleen het tweede couplet zingen. En u het derde couplet weer voordragen. Nou, toen het klaar was zij hij: 'wat is dit prachtig !'. Zo, dat stond er goed op. Maar, ga je daar dan heen om bij voorbaat al te zeggen : 'jongens, dat kan niet want dit is vals en zo'. Nu waren we immers van beide kanten tevreden. Ik had een goede opname en zij waren tot de conclusie gekomen dat het ook anders kon dan het met z'n tweeën te gaan zingen en vonden daar alle bevrediging in. Nou, zo moet je het natuurlijk wel eens een beetje diplomatiek spelen'.

Opperste concentratie tijdens de opnames voor Omrop Fryslân. Hier in de reportage-auto samen met de technici Aise van Beets (rechts) en Jan Ottevanger (achter).

In de prijzen

Aan alles komt een einde, zo ook aan dit mooie boek. Door middel van dit alweer laatste hoofdstuk, zal ik dit boek op passende wijze besluiten. Iedere bekende persoon – denk hierbij aan schrijvers, schilders, wetenschappers – worden vaak aan het einde van hun loopbaan genomineerd voor een prijs of onderscheiding. Zo ging het ook met Piebe Bakker, alleen valt hierbij op dat hij door zijn carrière heen geëerd werd met prijzen en onderscheidingen. Hij vertelde mij hierover het volgende:

'Als mensen over je spreken dan hoeven dat niet alleen roddelpraatjes te zijn, het kunnen ook waarderende woorden zijn over je werkzaamheden. Je moet daarbij wel opletten of het echt gemeend is wat ze zeggen of dat het een mooi vleierig gesprekje is om te proberen je te werven voor de zoveelste commissie of iets dergelijks.
Eigenlijk is het succes in je werk maar betrekkelijk, vooral als je werkzaam bent in de kunstsector. Je hebt dan iets mee gekregen – noem het maar talent – en je moet dan proberen om dit zo goed mogelijk te ontwikkelen. Naar mate van de grootte van het talent, dat in de genen is vastgelegd, kun je later buigen op meer of minder succes in je werk. Maar dat houdt natuurlijk niet in dat je alles maar cadeau krijgt; nee, je zult er hard voor moeten werken om wat te presteren, want met alleen talent kom je er niet.

Ik had het geluk dat ik twee dingen had meegekregen, namelijk muzikaliteit en organisatievermogen. Of, vaak anders gezegd: pedagogische kwaliteiten. Je hebt ze beide nodig want je moet ook in staat zijn om je muzikale bedoelingen goed over te brengen, dan pas heeft het effect.
In de korpswereld hoefde ik als dirigent nergens over in te zitten. Zo had ik geen problemen met de interpretatie van een compositie die ik met de muzikanten aan het instuderen was; ik voelde dat meestal vanuit mijn intuïtie zowat direct aan. Ik kon als het ware toewerken naar een voorstellingspatroon waarvan ik wist dat het goed was. Later bij de uitvoering heb je dan het voordeel van zekerheid hetgeen een groot zelfvertrouwen tot gevolg heeft dat je ook kunt uitstralen naar je muzikanten en publiek en bovendien zorgt dit voor minder spanningen.
Ook met organiseren had ik weinig moeite, door mijn overtuigingskracht en gedrevenheid kon ik met besturen en personeel van muziekscholen en ook met grote gezelschappen muzikanten het goed vinden.
In gesprekken met collega's heb ik wel eens gemerkt dat ze er soms helemaal kapot van waren als ze weer eens een hele negatieve recensie kregen te verwerken, of dat ze tijdens een concours de zoveelste tweede prijs mee naar huis moesten nemen.
Natuurlijk ben ook ik wel eens des duivels geweest als ik het mij anders had voorgesteld dan de verslaggever of de jury, maar dan was de oorzaak vaak dat ik wat betreft het repertoire te hoog in de boom zat en dat bijvoorbeeld zo'n korps er nog niet aan toe was om dat stuk te spelen.
Maar ja, ik mag wat dat aangaat niet klagen, het is eigenlijk in mijn hele leven voortreffelijk gegaan. Over het algemeen had ik mooie successen met de korpsen, over het algemeen goed personeel in de muziekscholen met daarbij de toen nog beschikbare financiële ruimte voor wat betrof uitbreiding. Uitzonderingen in de vorm van kleine onenigheden blijven er natuurlijk altijd, maar dat zal in alle beroepen wel hetzelfde zijn. De positieve reacties van de zijde van de muzikanten, de luisteraars en de pers, maakten het werk licht en de tijd dat ik hier mee bezig ben geweest is dan voor mijn gevoel ook omgevlogen!
Aan het einde van je loopbaan krijg je dan verschillende organisaties en instanties dikwijls een onderscheiding, een lintje of zoiets. Die waardering, met de gelukswensen van collega's heeft mij erg goed gedaan.
Er zijn mensen die ervoor weglopen als ze genomineerd worden voor zo'n onderscheiding, maar ik voelde het meer als een bekroning op mijn inzet voor de gemeenschap'.

En zo ontving Piebe nogal wat onderscheidingen, en niet alleen maar in de vorm van lintjes.... Zo hebben we al kunnen lezen dat hij bij zijn afscheid van 'Crescendo' Drachten uit handen van de voorzitter een prachtige verzilverde dirigeerstok ontving en bij zijn afscheid van 'Hallelujah' Makkum ontving hij een bijzonder wandbord van Makkumer Aardewerk. Maar in 1962, ter gelegenheid van het vijfentwintigjarige huwelijksfeest van koningin Juliana en prins Bernhard die voor die gelegenheid naar de Friese hoofdstad kwamen en waar Piebe Bakker met 'Crescendo' Drachten een concert gaf, werd hem zijn eerste lintje uitgereikt.

De tweede belangrijke onderscheiding die hij kreeg uitgereikt, was die van het gouden Viooltje. Dit was een prijs ingesteld door de stichting het 'Frysk Orkest'. Deze wisselprijs werd hem, samen met een kleine dasspeld uitgereikt op donderdag 17 januari 1980 in de Harmonie te Leeuwarden.

In 1986 wordt hem de Gerard Boedijn Penning uitgereikt. Hierover zei hij:

'Het was een onderscheiding waar ik heel erg mee ingenomen was! Deze man is in mijn leven altijd mijn grote voorbeeld geweest en heeft mij ook altijd enorm geïnspireerd. Ik had een groot respect voor hem als leraar, jurylid en als componist, het was voor mij dus een grote eer deze onderscheiding te mogen ontvangen'.

In 1989 volgde er een reeks van onderscheidingen. Het was dan ook een bijzonder jaar. Piebe nam niet alleen afscheid van het Nationaal Jeugd Fanfare Orkest, maar werd ter gelegenheid juist ook nog benoemd tot Ridder in de Orde van Oranje Nassau. Hij ontving op diezelfde dag een onderscheiding van de NCRV- radio afdeling en in oktober van hetzelfde jaar mocht hij ook nog eens de Prijs Nederlandse Blaasmuziek in ontvangst nemen.

Op 21 oktober 1989 volgde de Prijs Nederlandse Blaasmuziek, ingesteld door het Centrum Nederlandse Muziek (CNM) en de VARA-radio. Deze prijs werd in Hilversum uitgereikt door de burgemeester van Bolsward.

In de jaren die volgden, boden verschillende muziekbonden hun attenties aan als blijk van waardering voor het werk dat Piebe Bakker in de muziek had verricht. Zo kreeg hij nog een aantal tinnen wandborden, een gouden speldje van de NFCM en in 1999 kreeg hij het erelidmaatschap van de KNFM (Koninklijke Nederlandse Federatie van Muziekverenigingen).

Het was voor Piebe een grote verassing om tijdens het 'Brassband Festival' van 2001 in de harmonie te Leeuwarden te horen dat hij de winnaar was geworden van de Muzyk Maskelyn Troffee. De prijs wordt jaarlijks uitgereikt aan mensen die voor de muziekbeoefening in Friesland van grote betekenis zijn geweest.

Een trotse Piebe Bakker met in zijn hand de wisselprijs.

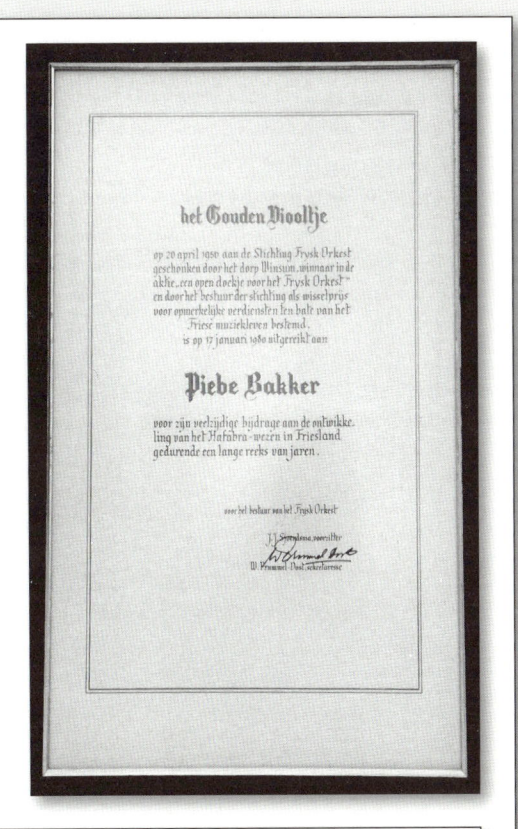

Het Gouden Viooltje in de vorm van een klein dasspeldje.

„Gouden viooltje" voor Piebe Bakker

HaFaBra lijkt een vage toverspreuk. Insiders weten, dat in die drie lettergrepen de hele blaaswereld zit gevangen, de wereld van harmonie- en fanfarecorpsen en van brassbands. In Friesland zijn daarbij duizenden betrokken. Ze kennen allen de naam van Piebe Bakker, die als musicus, als dirigent, als cursusleider, als organisator al enkele tientallen jaren bij die corpsen is betrokken en in die bloeiende tuin van amateurisme allerlei pionierswerk heeft verricht en nog dagelijks verricht. Om die reden werd hem gisteravond bij het begin van het FO-concert het Gouden Viooltje, de wisselprijs, die het Frysk Orkest sedert 1956 achter de hand heeft om opmerkelijke muzikale prestaties in ons gewest te belonen en onder de aandacht te brengen.

Voorzitter J. Sjoerdsma van het Frysk Orkest reikte de prijs en de oorkonde uit. Hij herinnerde aan het Frysk Festival. Met niet meer dan ƒ 21.000 extra – tegenover de miljoenen, die naar het Holland Festival gaan – toont Friesland aan, dat het cultuur heeft en dat die cultuur van en voor iedereen is. Daarin speelt ook de muziek mee. Al die instrumenten, ook die van HaFaBra, bouwen mee aan het beeld van de muziek. Dat bouwen is niet minder dan een stuk leven. Bij dat bouwen valt zeker ook de naam van Piebe Bakker, die op zijn terrein (dat niet tot Friesland beperkt is gebleven) zo actief is geweest tijdens een lange reeks van jaren. Daarom heeft de jury er geen enkele moeite mee gehad, Piebe Bakker voor te dragen als de man, aan wie de wisselprijs toekomt. Het is inderdaad een wisselprijs. Het goud moet teruggegeven worden. Maar de winnaar krijgt naast de oorkonde een gouden draagspeld, in de vorm van een viooltje.

In zijn dankwoord zei Piebe Bakker, dat hij zelf verrast was geweest, toen hij hoorde van deze prijsuitreiking.
Maar ook vele anderen waren verrast: van overal kwamen felicitaties binnen met deze prijs, die Bakker dan ook wilde zien als een erkenning van de complete wereld van de corpsmuziek. Hij gaf toe, dat hij al lang, gedurende een kwarteeuw, in de weer was geweest voor de corpsen, maar dat was hem nooit te veel. Integendeel: je geeft wel veel, maar krijgt ook zoveel terug.

Na afloop van het concert was er nog een bijeenkomst toe de winnaars van eerdere gouden viooltjes. Daartoe was een goede reden. De winnaars hebben destijds voor enkele weken het gouden viooltje gekregen en voor altijd de oorkonde. Maar ze hadden ook recht op een geldbedrag. Dat bedrag heeft zo deerlijk geleden onder de inflatie, dat niet meer een som geld, maar een gouden dasspeld wordt uitgereikt. Die hadden de vroegere winnaars nog te goed. Voorzitter Sjoerdsma heeft deze gulden erkenning alsnog uitgereikt. In volgorde: aan wijlen Kor Ket (in de persoon van mevrouw Ket-Adema), aan prof. Jac. Jansen, aan wijlen Piet Post (in de persoon van mevrouw M. Post-Aalders), aan Klaas Kueter, aan Alfred Salten, aan Jan Masséus, aan Bonno Snijder, aan Theo Lambooij. De jongste prijswinnaars, Theo Bijlsma en Piebe Bakker, hadden reeds een speld gekregen, maar poseerden mee op de foto van deze reünie van gouden viooltjes-dragers.

Gerard Boedijn Penning

Op 28 november 1973 SONMO de "Gerard Boedijn Penning" in, om hiermee personen, die zich bijzonder verdienstelijk gemaakt hebben voor de blaasmuziek, te huldigen. Ook muziekverenigingen die kampioenstitels behalen tijdens concoursen, hetzij het SONMO concours, het W.M.C. Kerkrade of andere nationale kampioenschappen, komen in aanmerking voor deze penning.
Deze penning werd dus ontworpen en geslagen ter nagedachtenis van de componist.

Beschrijving:
Gepatineerde bronzen gietpenning, doorsnede 60 mm.

Voorzijde: portret van Gerard Boedijn met randschrift: "Gerard Boedijn 1894-1972" (het geboortejaar is fout!)
Keerzijde: Composite van diverse muziekinstrumenten en een dirigeerstok, met randschrift "Stichting Overkoepeling Nederlandse Muziekorganisaties".

De "Gerard Boedijn Penning" werd uitgereikt aan:
1974 De eerste SONMO landskampioenen.
- Koninklijke Harmonie, Deurne olv. Dick Koster.
- Fanfare "Kunst en Vriendschap" (Excelsior?), Wittem olv. Paul Olyschläger
- Brassband "Excelsior", Surhuizum olv. Sierd de Boer
1978 De nationale drumbandkampioen op het WMC te Kerkrade
- Drumband Kon. Harmonie Concordia, Obbicht.
1980 Klaroen '80
- Berghem
1981 De nationale kampioen op het WMC te Kerkrade
- Concordia Treebeek

1982 Habets
1983 Willem Steijn, Egmond aan Zee
1985 H. Eggenhuizen, Akersloot
1986 Piebe Bakker, Wommels
1990 Jean-Pierre Laro, Waalre
1993 Charles Blokdijk
1994 Jean Claessen
1996 Durk Dam, IJlst
2003 Rob Goorhuis, Werkhoven

Gerard Boedijn tijdens het Wereld Muziek Concours 1954

Piebe Bakker onderscheiden met de Gerard Boedijn penning

Aan het eind van de Cultureel Pedagogische Vormingsdag van de N.F.C.M. op zaterdag 15 maart j.l. in de Evenementenhal te Groningen reikte de voorzitter Durk Dam deze hoge onderscheiding uit aan deze Friese musicus. ,,De S.O.N.M.O. (de samenwerkende muziekorganisaties), hebben unaniem besloten U deze onderscheiding toe te kennen, aldus voorzitter Dam. U gaat precies in de voetsporen van Uw leermeester Gerard Boedijn, ook een stimulerende kracht achter de vernieuwing binnen de amateuristische muziekbeoefening, iets wat U zojuist met Uw N.J.F.O. hebt bewezen."

De Gerard Boedijn penning is in opdracht van S.O.N.M.O. geslagen in de beginjaren van 1970. Deze penning wordt uitgereikt aan personen, die zich de afgelopen jaren bijzonder verdienstelijk hebben gemaakt t.b.v. de amateurmuzikant, in het bijzonder:
a. door de opleiding van leerlingen
b. door het educatieve gedeelte, vernieuwing.

Aan Piebe Bakker werd de tiende penning uitgereikt.

In het kort volgt hier de betrokkenheid van Piebe bij het Ha/Fa/Bragebeuren, waaruit blijkt, dat hij dit kleinood dik verdiend heeft:
Hij is dirigent geweest van: Crescendo Drachten 13 jaar, van Nij Libben Koudum 18 jaar, van Harmonie Sneek 8 jaar, van Concordia Balk 15 jaar, van Halleluja Makkum 28 jaar en van Euphonia Wommels 10 jaar.

Deze orkesten werden door hem alle naar de hoogste afdelingen gebracht. Sinds 1964 is hij dirigent van het nu geheten Nationaal Jeugd Fanfare Orkest. Een dertigtal jaren is hij voor de A.N.U.M., de F.K.M., de K.N.F. en de N.F.C.M. al jury-lid geweest en nog!

Bij de N.F.C.M. zit hij al jaren in de M.A.C. (de Muziek Advies Commissie.) en is hij in deze functie de grondlegger geweest van de N.F.C.M. muziekuitgave en van het voor de eerste keer te organiseren Top Jeugd Solisten Concours op zaterdag 27 sept. a.s. te Heerenveen.

Verder heeft hij zijn sporen verdiend in vele commissies, provinciaal en landelijk o.a. in de Inspectie Kunstzinnige Vorming, de Raad van Kunst, het R.I.M. (Repertoire Informatie Centrum Muziek te Utrecht), de MUG (Muziek Uitleen Gelderland) in de Begeleidingscommissie van S.A.M.O. Nederland en als coördinator van verschillende provinciale S.A.M.O.'s, bestuurslid van de Fryske Kultuerried en medewerker van Radio Fryslân Rubriek.

Altijd staat hij nog steeds klaar voor de verenigingen, die hem om technisch advies vragen.

Het Nationaal Jeugd Orkest, opgericht onder de N.F.C.M.-vlag, heeft onder leiding van deze Pedagoog en Musicus in het buitenland de hoogste onderscheidingen gehaald, waar onder de Grote Prijs van Weenen in 1976 en is mede door dit geniale orkest een voorvechter en pionier voor de echte Nederlandse Fanfaremuziek en zoekt steeds naar vernieuwde elementen in deze sector. Vele componisten worden door hem geïnspireerd om speciaal voor deze orkesten te componeren o.a. Henk van Lijnschooten, Kees Vlak, Rob Goorhuis, Kees Schoonebeek e.a. Piebe van harte gefeliciteerd!

De Gerard Boedijn-penning en nog wat meer

Aan het einde van de Cultureel Pedagogische Vormingsdag van onze zusterorganisatie N.F.C.M. werd namens de S.O.N.M.O. aan Piebe Bakker de Gerard Boedijn-penning uitgereikt.
Deze penning werd in 1970 in opdracht van S.O.N.M.O. geslagen met het doel te worden uitgereikt aan diegenen, die zich bijzonder verdienstelijk hebben gemaakt op het brede terrein van de amateuristische muziekbeoefening.
Dit jaar werd de penning voor de tiende keer toegekend en thans aan de dirigent/pedagoog Piebe Bakker.
Het behoeft geen betoog, dat wij als A.N.U.M.-leden bijzonder zijn ingenomen, met deze beslissing van het S.O.N.M.O.-bestuur.
De betrokkenheid van Piebe bij het HaFa-gebeuren is alom bekend en onze al dan niet uitgesproken waardering over zijn activiteiten vormen meer dan voldoende basis voor deze onderscheiding.
In velerlei opzicht zitten we elkander als bestuurders van diverse organisaties dwars, maar als het gaat om het uitdragen van onze eensgezinde waardering voor Piebe Bakker zijn we het volkomen met elkander eens.
Mijn persoonlijk contact met Piebe dateert al uit 1953 toen hij met ,,Ny Libben" uit Koudum voor het eerst deelnam aan een concours te Edam. Wij beiden hadden het examen D allang achter de rug, te weten: de A.N.U.M.-examens, die onder supervisie stonden van mijn grote voorganger Jan Gregoor.
Deze examens vormden destijds de basis voor onze verdere ontwikkeling tot dirigent.
Wellicht kan men nu begrijpen, waarom ik zo hecht aan deze vorm van muzikanten-ontwikkeling.
Sinds enige tijd wordt op initiatief van S.A.M.O.-Noord-Holland jaarlijks een cursus gegeven voor dirigenten uit die regio. Cursusleider Bakker hoeft maar te kikken en hij kan prompt beschikken over een korps, dat zijn repetitieavond graag in dienst stelt van de praktijklessen.
Ook de dirigent van dat korps is dan die avond aanwezig om kennis te nemen van de doeltreffende aanwijzingen van Piebe. Ik reken mijzelf ook hieronder als jaarlijkse toehoorder.
Het nationaal jeugdorkest, dat in 1964 onder de N.F.C.M.-vlag werd opgericht, is in de loop der jaren uitgegroeid tot een waar nationaal begrip. Niet voor niets hebben het Fonds voor de Scheppende Toonkunst en het Amsterdams Fonds voor de Kunst aan diverse componisten opdrachten verleend tot het schrijven van werken voor dit geniale orkest en zijn sublieme leider.

Alles wat A.N.U.M. is en in het bijzonder diens voorzitter verheugen zich over deze welverdiende onderscheiding aan Piebe Bakker.
Wij beiden hebben veel te danken aan Gerard Boedijn, die in hoge mate heeft bijgedragen tot onze verdere ontwikkeling als muzikant en dirigent. Tegen deze achtergrond moet het mogelijk zijn te komen tot een landelijke samenwerking op bestuurlijk gebied. Ook bij de N.F.C.M. blijkt men de moed niet te willen laten zakken.
Welnu, het is slechts een kwestie van elkander de hand te reiken en met elkander informeel in gesprek te komen.
Wat eenheid vermag wordt al sinds jaren gedemonstreerd door de Bond van Orkestdirigenten. In deze organisatie is alleen plaats voor vakbekwame dirigenten. De Bond van Orkestdirigenten is uniek in de wereld, want nergens bestaat er een organisatie van dirigenten, die gedragen wordt door één gemeenschappelijk belang: de ontwikkeling van de amateur-orkesten en die van hun dirigenten.
Voor onze muziekorganisaties is het de bron van deskundigheid en zonder het te beseffen maakt ieder gebruik van het aldaar aanwezige potentieel alsof het de gewoonste zaak van de wereld is.
Deze organisatie wordt sinds vele jaren gedragen door haar secretaris Joost van Beek. En het is juist deze man, die op 29 april jl. voor zijn grote verdiensten als dirigent, pedagoog en Bond van Orkestdirigenten-secretaris zeer terecht Koninklijk werd onderscheiden.
Alle Nederlandse muzikanten en dirigenten hebben veel te danken aan mensen als Piebe Bakker en Joost van Beek. Beiden zijn een lichtend voorbeeld voor ons allen en beiden zouden het als een kroon op hun werk beschouwen, indien de A.N.U.M., de F.K.M., de K.N.F. en de N.F.C.M. in volle eendracht een overleg-platform zouden vormen, teneinde met ondersteuning van S.A.M.O.-Nederland de amateuristische muziekbeoefening in ons land tot verdere ontwikkeling te brengen.
De Gerard Boedijn-penning is de hoogste onderscheiding en moet derhalve - maar dan gedragen door de vier organisaties - in lengte van jaren het uitdrukkingsmiddel van ons aller waardering blijven.
Wellicht kan dit symbool als middel tot harmonische samenwerking dienen.
Dit zou ook de grootste wens zijn van

Jan Vermaak, algemeen voorzitter.

Koninklijke onderscheiding voor Piebe Bakker

Drachten. Tijdens zijn afscheidsconcert van het Nationaal Jeugd Fanfare Orkest zaterdag, 1 juli jl. in „De Lawei" te Drachten is Piebe Bakker (60) uit Wommels Koninklijk onderscheiden en benoemd tot Ridder in de Orde van Oranje Nassau. De bij die onderscheiding behorende versierselen werden hem uitgereikt door de wethouder van cultuur van de gemeente Littenseradiel, mevrouw T. Folkerts-Seffinga.

Mevrouw Folkerts noemde in haar toespraak dat juist deze dag uitgekozen was om de heer Bakker te eren. Er is maar één plaats waar dat kan en dat is voor het Nationaal Jeugd Fanfare Orkest. Het orkest waarvoor hij 25 jaar lang de dirigeerstok hanteerde. Piebe Bakker immers is een vermaard musicus met grote didaktische en pedagogische kwaliteiten. Oud en jong komen onder zijn inspirerende wijze van aanpak tot grote prestaties. Met name de jeugd genoot en geniet daarbij zijn warme belangstelling. Bovendien heeft hij zich als bestuurder, adviseur en jurylid zeer verdienstelijk gemaakt voor de amateur muziekbeoefening in Nederland, aldus de wethouder. Mede door zijn grote inzet zijn nieuwe initiatieven tot stand gekomen en is de organisatie van het Nederlandse amateurmuziekleven versterkt. Als geen ander verstaat hij de kunst de liefde èn de zorg voor de harmonie, fanfare en brassbandmuziek over te brengen op anderen. Vooral zijn omgang met de musicerende jeugd in het algemeen en die van het Nationaal Jeugd Fanfare Orkest in het bijzonder kenmerkte zich door zijn pedagogische kwaliteiten, besloot de wethouder haar verhaal.

Mevrouw Folkerts, wethouder van Cultuur bij de gemeente Littenseradiel, speldt Piebe Bakker de ridderorde op.

Piebe Bakker verliet ridderlijk het NJFO

Onder de vele aantrekkelijke zaken, die het afscheid van Piebe Bakker van zijn Nationaal Jeugd Fanfare Orkest markeerden, moeten twee facetten uitgelicht worden, die grote indruk op hem gemaakt moeten hebben.

Op die eerste julidag in het fraaie cultureel centrum "De Lawei" in Drachten ontving hij uit handen van de burgemeester van Hennaarderadeel, waaronder zijn woonplaats Wommels gemeentelijk ressorteert, het ridderschap in de Orde van Oranje Nassau. Dat was één.

Punt twee was het feit, dat organisator SAMO-Nederland een orkest had weten te formeren van zo'n 100 oud-leden van het NJFO, die uit alle delen van Nederland naar het verre Noorden waren getrokken om Piebe Bakker te bewijzen hoezeer zij in het verleden zijn dirigentschap hadden gewaardeerd. Onder leiding van Jaap Koops gaven zij een voortreffelijk concert, dat door Piebe Bakker zelf besloten werd met "Mars Gammatique" van Gerard Boedijn, als hommage aan de man aan wie hij qua zijn muzikale educatie zo veel te danken heeft.

Een glunderende ridder.

En van de NCRV nog een mooie bokaal met een stemvork erop.

prijs nederlandse blaasmuziek

De in 1984 door BFO Centrum Nederlandse Muziek en VARA ingestelde Prijs Nederlandse Blaasmuziek wordt uitgereikt aan een persoon of instantie die zich bijzonder verdienstelijk heeft gemaakt voor de Nederlandse blaasmuziek. De prijs bestaat uit een plastiek van de Limburgse kunstenaar Piet Killaars.

De Prijs Nederlandse Blaasmuziek is reeds uitgereikt aan:
Henk Badings (1984)
Piet Stalmeier (1985)
Henk van Lijnschooten (1986)
Sef Pijpers (1987)
Meindert Boekel (1988)

De jury van de Prijs Nederlandse Blaasmuziek 1989 bestaat uit:
Jean Pierre Laro
Henk van Lijnschooten
Jan Molenaar
Sef Pijpers
Wim Smeets

Het juryrapport zegt o.a. dat onder leiding van Piebe Bakker het niveau van de amateuristische muziekbeoefening duidelijk is gestegen. Als orkestpedagoog legde Piebe Bakker de nadruk op een vernieuwende en effectieve aanpak van het orkestspel; vooral als dirigent van het Nationaal Jeugd Fanfare Orkest heeft hij veel bijgedragen aan repertoire vernieuwing.

prijs nederlandse blaasmuziek 1989

De jury Prijs Nederlandse Blaasmuziek 1989
bestaande uit
Jean Pierre Laro, Henk van Lijnschooten, Jan Molenaar,
Sef Pijpers en Wim Smeets
kent de prijs toe aan:

PIEBE BAKKER

Juryrapport

'Piebe Bakker is in de eerste plaats mede-verantwoordelijk voor het stijgen van het peil van de amateuristische muziekbeoefening in Nederland in het algemeen en in Friesland in het bijzonder.

Door zijn grote muzikaliteit wist hij in de zestiger en zeventiger jaren met het fanfare orkest 'Ny Libben' uit Koudum hoge resultaten te bereiken op concoursen.
Piebe Bakker is een veelgevraagd musicus om dirigentencursussen en clinics te leiden.

Als orkestpedagoog legde Piebe Bakker de nadruk op een vernieuwende en effectieve aanpak van het orkestspel. Vooral als dirigent van het Nationaal Jeugd Fanfare Orkest heeft hij veel bijgedragen aan repertoirevernieuwing. Hierbij stelde hij de Nederlandse componisten altijd centraal. Hij stimuleerde de componisten niet alleen, maar droeg ook praktische bouwstenen aan, in het bijzonder voor instructieve composities. Talrijk zijn de premières die door hem zijn gedirigeerd.'

Hilversum, 21 oktober 1989

JEAN PIERRE LARO

HENK VAN LIJNSCHOOTEN

JAN MOLENAAR

SEF PIJPERS

WIM SMEETS

Prijs Nederlandse blaasmuziek voor Piebe Bakker

De in 1984 door BFO Centrum Nederlandse Muziek en VARA ingestelde Prijs Nederlandse Blaasmuziek wordt uitgereikt aan een persoon of instantie die zich bijzonder verdienstelijk heeft gemaakt voor de Nederlandse blaasmuziek.

De uitreiking vond plaats in de VARA-studio door de burgemeester van Bolsward, mr. Ties Elzinga en voor de muzikale omlijsting zorgde het voortreffelijk Frysk Fanfare Orkest. Vóór de pauze dirigeerde vaste dirigent Jouke Hoekstra en na de pauze nam Piebe zelf de honneurs waar. Het hoogst interessante programma vermeldde werken van Hardy Mertens, Jef Penders, Rob Goorhuis, Henk van Lijnschooten, Jacob de Haan en Gerard Boedijn. □

Als aanvulling op deze officiële definitie merken we op, dat de prijs dus niet bedoeld is om de laureaat aan te moedigen op de ingeslagen weg voort te gaan, maar om erkentelijkheid te betuigen voor de weg, die reeds afgelegd is. Naast erkentelijkheid ook erkenning. Erkenning van de grote verdienste die de ontvanger van de prijs voor de Nederlandse blaasmuziek heeft gehad en – in veel gevallen – nog steeds heeft.

De prijs is daarop afgestemd. Ze bestaat uit een plastiek van de Limburgse kunstenaar Piet Killaars. De lijst van de tot nu toe uitgereikte ere-symbolen luidt

In gesprek mat Jouke Hoestra (midden) en de burgemeester van Bolsward (rechts)

1984 Henk Badings
1985 Piet Stalmeier
1986 Henk van Lijnschooten
1987 Sef Pijpers
1988 Meindert Boekel.

Muziekprijs 1989 ging naar Piebe Bakker en dat zal niemand verwonderen. Weliswaar vestigde hij zijn naam niet door talrijke composities, want daar lag niet zijn terrein, maar... hij oefende er wel invloed op uit. Hij werkte als zuurstof. Zuurstof is een onbrandbaar gas, maar het wonderlijke is dat het bestaand vuur hevig aanwakkert. Het brandt zelf niet, maar laat wel branden. Die invloed oefende Piebe Bakker uit. Het is één van de vele verdiensten van hem geweest om als zodanig te functioneren.

KONINKLIJKE NEDERLANDSE FEDERATIE VAN MUZIEKVERENIGINGEN

WAARBIJ AANGESLOTEN: HARMONIEËN, FANFARES, BRASSBANDS, DRUM CORPS, KAPELLEN, BIG BANDS, DRUMFANFARES, SHOW-, DRUM-, SIGNAAL-, MAJORETTEN- EN TWIRLKORPSEN

BESCHERMHEER: Z.K.H. PRINS BERNHARD

De heer P. Bakker
Tywert 23
8731 CM WOMMELS.

ONS KENMERK: 513/AG/lvL
UW BRIEF D.D.:
BETREFT:
ARNHEM, 13 maart 1999

Geachte heer Bakker,

Het Algemeen Bestuur van de KNFM heeft in haar vergadering van 11 november 1998 besloten u te benoemen tot:

- **erelid** van de Koninklijke Nederlandse Federatie van Muziekverenigingen -

als blijk van erkenning en als waardering voor de wijze waarop en de mate waarin u zich op inhoudelijk terrein, met name als jurylid, op landelijk niveau voor de sector amateur blaas- en slagwerkmuziek (en aanverwante vormen) heeft ingespannen.

Namens het bestuur,

G.H. Brunnekreeft,
algemeen voorzitter

A.J. Gossink,
algemeen secretaris.

KANTOOR: SWEERTS DE LANDASSTRAAT 83 - 6814 DC ARNHEM - TELEFOON 026-4451146 - FAX 026-4458698
GIRO: 875666 T.N.V. KNFM ARNHEM - ABN-AMRO BANK REK.NO.: 42.49.56.942 - URL: HTTP://WWW.KNFM.NL
LID VAN: STICHTING "KONINKLIJK VERBONDEN"

Het gouden speldje van de N.F.C.M.

Bij zijn afscheid in 1998 van de Groninger Bond, ontving hij uit handen van de voorzitter een beeldje van 't Peerd van ome Loeks.

De 'Maskelyn Troffee' is uitgereikt aan:

Folkert Fennema	1989
Cor Nijdam	1990
Hielko Fijlstra	1993
Gerrit Heeringa	1998
Jan Veninga	1999
Piebe Bakker	2001
Bernard Smilde	2002
Jacob de Haan	2003
Johan de With	2004
Durk en Grietje Dam	2005

De prijs werd uitgereikt te Leeuwarden door Pim Gaanderse, directeur van 'Omrop Fryslân'.

De Maskelyn-troffee zou tevens zijn laatste onderscheiding zijn. Bij thuiskomst na de feestelijkheden, diep in de nacht, vertelde Piebe dat hij het schitterend had gevonden om deze prijs in ontvangst te mogen nemen, maar hij zei er ook het volgende bij: *'Nou hoop ik dat het hierbij blijft en dat ik niet nóg meer prijzen hoef te ontvangen, want het geeft me het gevoel dat ik er straks niet meer bij hoor, dat ik te oud ben en behoor te sterven'.*
Ik keek hem verbaasd aan en zei dat hij er niet zo over moest denken maar dat hij beter langzaam aan wat meer kon afbouwen; zo zou hij niet van het ene op het andere moment van het podium verdwijnen, maar kon hij wel meer gaan genieten van de vrije tijd die we samen hadden. Daarin gaf hij mij gelijk en met die gedachte heeft hij het laatste stukje van zijn leven voltooid.

Zo ging hij de laatste twee jaren van zijn leven door met de klankregie bij 'Omrop Fryslân' en werd hij zo nu en dan nog eens gevraagd om een play-in te leiden. Zo ben ik nog een keer of wat met hem mee gegaan. We bereidden dan samen het programma voor en stelden daarvoor de muziekmappen voor de muzikanten samen.
Zo zijn er in Harderwijk nog twee grote play-in's georganiseerd: op 17 februari 2001 ter gelegenheid van het 125-jarige bestaan van de 'Stedelijke Harmonie' uit Harderwijk en een jaar later, op 2 maart 2002 vond daar nog een play-in plaats. Er deden wel 150 muzikanten aan mee en beide slotconcerten maakten een diepe indruk op deelnemers en publiek.
Zijn laatste optreden als dirigent was tijdens een senioren-play-in op 12 juni 2002 in 'De Brink' te Loenen.

Ook daarbij was ik aanwezig om Piebe met wat hand en spandiensten te helpen. Zelfs daarover valt nog een leuke anekdote te vertellen. Tijdens één van de pauzes stond Piebe zijn handen te wassen in de toiletruimte.

Hij stond achter een openstaande deur en hoorde iemand die hem niet kon zien zeggen:

'Die Piebe Bakker wordt nog eens een legende, waarop een andere man terug riep: 'wordt ?..... volgens mij is hij dat al'.

Zo zie je maar, hoe populair hij was bij de amateur-muzikanten ......bij jong....en oud.

Zijn laatste optreden als jurylid op 25 mei 2002.
Hij jureerde toen tijdens het festival voor korpsen van de muziekbond Groningen-Zuid gehouden in de Geref. Kerk van Schoonebeek.

Hier eindigt het muzikale levensverhaal van Piebe Bakker. Na een ziekbed van vier maanden is hij op zondag 3 november 2002, in zijn woonplaats Wommels overleden.

And now, the end is near, and so I face, the final curtain.

My friend, I'll say it clear,

I'll state my case, of which I'm certain.

I've lived, a life that's full,

I've traveled each and every highway.

And more, much more than this,

I did it

My way..........

(My Way, Frank Sinatra)

NEIWURD

Piebe's ôfskiedskado

Leave Piebe,

In neiwurd skriuwe is net maklik, it betsjut de ein fan in boek dêr't hurd foar wurke is. In boek mei mar ien doel, dyn stim fuortklinke litte. Einliks soene jo wolle dat der gjin ein oan komme soe, want ôfskied nimme docht sear. Dochs moat it en troch de wei fan it skriuwen fan dit boek ha ik it gefoel dat ik op weardige wize in part fan myn libben ôfslute kinnen ha dêrsto ûnskiedber diel fan útmakke hast. Tidens it skriuwen en de gearstalling fan dit boek kaamst wer efkes ta libben en seach ik dy foar my sa ast altyd wiest. It wie lykas hearde ik dy al skriuwende tsjin my praten en sa no en dan kaam my wer fan alles yn't sin. Sa tocht ik noch oan dy jûns yn oktober 2002 doest tsjin my seist: "wêrom komt in mins no oan'e ein fan syn libben dyjinge tsjin dêr't er sa fan hâldt ?". Ja, op sa'n fraach kinne jo net sa maklik in antwurd jaan, ik keas er doe dan ek mar foar om te swijen want myn eachopslach sei dy op dat stuit genôch. As ik myn eagen slút sjoch ik dy noch dirigearjen, de muzyk like fan út dyn hannen fuort te kommen. Do hiest wat, nim it mar sjarme dat nimmen oars hie, dêrom sloech de muzikale fonk ek altiten oer op de korpsen dyst dirigearrest. Ik seach by dy op en bin der dan ek grutsk op dat ik in belangryk part fan myn libben mei dy diele mocht. Piebe, do hast in stimpel op myn libben drukt en somtiden is it lykas hear ik dyn stim wer efkes. Somtiden is it lykas fiel ik dy wer efkes, foar my bist net wei mar just hiel tichteby. Ik sil dy nea ferjitte, do hast in bysûnder plakje yn myn hert.
Somtiden sjoch ik hjir op Curaçao nei de hoarizon har wide blauwe see en syl ik fuort op moaie tinzen tinkend deroan datst miskien wol in part fan dit skolperige wetter bist dat ik hokkerdeis noch werom hearde yn de komposysje *In Memoriam Piebe Bakker* dy't Rob Goorhuis foar dy skreau.

"It moat in moai boek wurde, it moat der moai útsjen en goed lêsber wêze foar de minsken", hast my sein. Ik hoopje dat ik sa in befredigjend resultaat delsette kinnen ha. Myn taak is folbrocht en no ha ik nei hast trije jier it gefoel dat ik fierder kin, ik bin los, frij……… Myn boek, de Piebe Bakker-trofee en de komposysje fan Rob Goorhuis foarmje tegearre dyn ôfskiedskado. It aldermoaiste dêrfan is noch wol dat ik foar beide ûnderdielen de kâns krigen ha om in prachtich ûntwerp te fersoargjen. Mar allinne kinne jo neat berikke, sa ha ik tegearre mei dyn muzykfreonen en âld-leden fan it Nasjonaal Jeugdkorps in befredigjend resultaat delsette kinnen, mei de stipe fan myn âlden.

Piebe, tank foar alles, foar dyn altyd boeiende muzyklessen, foar dyn libbenswiisheid en foar de leafde diest my joechst.

Dyn freondinne

Ymkje-Janke

Curaçao, 14 febrewaris 2005, 22.37 p.m.

NAWOORD

Piebe's afscheidscadeau

Lieve Piebe,

Een nawoord schrijven is geen gemakkelijke opgaaf, het betekent het einde van een boek waaraan keihard is gewerkt. Een boek met maar één doel: jou stem laten voortklinken. Eigenlijk zou je willen dat er geen eind aan kwam, want afscheid nemen doet pijn. Toch, het moet en door middel van het schrijven van dit boek heb ik het gevoel dat ik op een waardige wijze een stuk van mijn leven heb kunnen afsluiten, waar jij onlosmakelijk deel van uitmaakte. Onder het schrijven en de samenstelling van dit boek kwam je voor mij weer even tot leven en zag ik je voor me zoals je altijd was. Het was alsof ik je al schrijvende, hoorde spreken. Af en toe schoten me herinneringen te binnen, zo dacht ik nog aan die avond in oktober 2002 waarop je me zei: "waarom moet een mens pas aan het einde van zijn leven iemand tegenkomen waar hij zo van houdt?". Ja, op zo'n vraag is het moeilijk antwoord geven; ik koos er dan ook maar voor om te zwijgen, mijn blik vertelde jou genoeg. Als ik mijn ogen sluit, zie ik je nog dirigeren, de muziek leek uit je handen voort te vloeien. Jij beschikte over iets, noem het maar charme, dat niemand anders had, daarom sprongen de muzikale vonken ook altijd over naar de orkesten die je dirigeerde. Ik keek naar je op en ben er dan ook trots op dat ik een belangrijk deel van mijn leven met je mocht delen. Piebe, je hebt een stempel op mijn leven gedrukt en soms is het net alsof ik je stem even weer hoor. Soms is het alsof ik je nog even voel, voor mij ben je niet dood, niet ver weg, maar juist heel dichtbij. Vergeten zal ik je nooit, je hebt een speciale plek in mijn hart ingenomen.
Soms kijk ik hier, op Curaçao naar de horizon en haar blauwe zee en zeil ik weg op onze mooie herinneringen, denkend aan het feit dat je misschien wel deel uitmaakt van dit kabbelende water dat ik onlangs nog terug hoorde in een compositie van Rob Goorhuis die hij voor jou heeft geschreven: *In Memoriam Piebe Bakker.*

'Het moet een mooi boek worden, het moet er mooi uitzien en goed leesbaar zijn', zei je. Ik hoop dat ik zo een bevredigend resultaat heb kunnen neerzetten. Mijn taak is volbracht en nu heb ik, na bijna drie jaar zonder jou het gevoel dat ik verder kan, ik ben los, vrij....... Mijn boek, de Piebe Bakker-trofee en de compositie van Rob Goorhuis vormen samen jou afscheidscadeau. Het allermooiste daarvan is wel dat ik de kans heb gekregen om voor beide elementen een prachtig ontwerp te verzorgen. Maar alleen bereik je niets, zo heb ik samen met jou muziekvrienden en oud-leden van het NJK een bevredigend resultaat kunnen neerzetten, met ondersteuning van mijn ouders.

Piebe, bedankt voor alles, je altijd boeiende muzieklessen, je levenswijsheid en voor de liefde die je me gaf.

Je vriendin

Ymkje-Janke

Curaçao, 14 februari 2005, 22:37 p.m.

> You...
> know how I feel
> about you,
> and always shall.
>
> No one
> can ever
> take your
> place
> with me.
>
> — Edna St. Vincent Millay

Wommels, zaterdagavond 2 november 2002, 22:30 p.m.